GAODENG ZHIYE JIAOYU FANGDICHA
JINGYING YU GUJIA ZHUANYE XILIE

高等职业教育房地产经营与估价专业系

U0670467

房地产营销策划实训

FANGDICHAN YINGXIAO
CEHUA SHIXUN

主　编　卓坚红

副主编　刘永胜　阮　可

主　审　潘　文

重庆大学出版社

内容提要

房地产营销策划是高校房地产专业学生必须掌握的核心职业技能之一,具有极强的实践性。本书有针对性地开展房地产营销策划各业务项目技能的操作训练;突出"实训"的主题,以业务过程为导向,按业务项目编写实训内容;以当地实际项目为案例,以房地产全程营销策划的运作过程为主线,进行房地产全程策划实训;从项目调研开始,依次进行市场细分、选择目标市场、确定产品定位,做好产品策划、价格策划与促销组合策划,并最终得到整合的策划报告。

图书在版编目(CIP)数据

房地产营销策划实训/卓坚红主编.—重庆:重庆大学出版社,2009.8(2015.1重印)
(高等职业教育房地产经营与估价专业系列教材)
ISBN 978-7-5624-5056-6

Ⅰ.房… Ⅱ.卓… Ⅲ.房地产—市场营销学—高等学校:技术学校—教材 Ⅳ.F293.35

中国版本图书馆 CIP 数据核字(2009)第 140859 号

高等职业教育房地产经营与估价专业系列教材

房地产营销策划实训

主 编 卓坚红
副主编 刘永胜 阮 可
主 审 潘 文

责任编辑:林青山 陈 雯　　版式设计:林青山
责任校对:文 鹏　　　　　责任印制:赵 晟

*

重庆大学出版社出版发行
出版人:邓晓益
社址:重庆市沙坪坝区大学城西路 21 号
邮编:401331
电话:(023) 88617190　88617185(中小学)
传真:(023) 88617186　88617166
网址:http://www.cqup.com.cn
邮箱:fxk@cqup.com.cn(营销中心)
全国新华书店经销
重庆五环印务有限公司印刷

*

开本:787×1092　1/16　印张:10.75　字数:229千
2009 年 8 月第 1 版　2015 年 1 月第 5 次印刷
印数:7 001—8 000
ISBN 978-7-5624-5056-6　定价:16.00元

特别鸣谢（排名不分先后）

清华大学建设管理系
重庆大学建设管理与房地产学院
黑龙江建筑职业技术学院
深圳职业技术学院
昆明冶金高等专科学校
洛阳大学
华北科技学院
四川建筑职业技术学院
广东建设职业技术学院
黄冈职业技术学院
浙江建设职业技术学院
东营职业技术学院
首都经贸大学
山东潍坊教育学院
浙江广厦建筑职业技术学院
甘肃建筑职业技术学院
沈阳建筑职业技术学院
北京联合大学
成都九鼎房地产交易评估有限公司
杭州万向职业技术学院
广东白云学院
大连职业技术学院
海口经济职业技术学院
重庆科技学院
温州职业技术学院
广东水利电力职业技术学院
重庆鼎新房地产学校
重庆鼎力房地产咨询有限公司

　　房地产业是从事房地产开发、投资、经营、管理与服务的行业,包括:房地产开发经营活动、房地产买卖及租赁活动、房地产经纪与代理活动和房地产管理活动。中国房地产业从20世纪80年代末开始兴起,经过20多年的发展取得了令人瞩目的成就,已经发展成为国民经济的支柱产业。2006年,全国房地产开发投资19 382亿元,商品房销售额20 510亿元,就业人数超过了450万人。随着中国经济持续增长和城市化进程的进一步加快,以及人们对居住质量要求的进一步提高,中国房地产行业仍然有着巨大的发展潜力。

　　房地产业的迅猛发展迫切需要大量房地产专业人才。然而,我国高等教育本科院校缺乏房地产专业的设置,使房地产专业人才仍然供不应求。以培养应用型专业人才为己任的高等职业院校,用极大的热情关注着房地产行业的发展。自2004年教育部将高等职业教育房地产专业调整为"房地产经营与估价专业"以来,已经有约60所高等职业教育院校开设这一专业,争先为房地产行业培养和输送各种应用型专业人才,这在一定程度上缓解了行业发展对人才的需求。许多教育工作者和专业人士,也编辑出版了一系列房地产专业教材和著作,在一定程度上满足了房地产专业职业教育发展的需要。

　　由于房地产经营与估价专业开设时间不长,至今仍然存在着专业定位不明确、培养目标与实际脱节、课程设置不合理等问题。学科体系和专业课的教学大纲始终处于不断修订、完善的过程中。房地产业的迅速发展,也不断催生了新的投资方式、服务产品和服务模式,出台和完善了各种法律、政策和规章。在这种新的形势下,编写出版一套《高等职业教育房地产经营与估价专业系列教材》,以适应房地产职业教育迅速发展和不断提高的需要,就变得十分必要和迫切。重庆大学出版社在广泛调研的基础上,邀请了来自全国20多家高等院校和单位的学者和专家,经过反复研究,决定在2007年秋季陆续推出一套定位准确、理论够用、突出应用、体例新颖、可操作性强的《高等职业教育房地产经营与估价专业系列教材》,以适应新形势下高等职业教育房地产经营与估价专业教学的需要。

本套系列教材的开发采用"校企结合"的方式进行。来自教育界、企业界的编委、主编、参编、主审,按照教育部《关于以就业为导向深化职业教育改革若干意见》提出的"高等职业教育应以服务为宗旨,以就业为导向,走产学研结合的发展道路"的精神,结合各自熟悉的领域,优势互补,大胆尝试,严把质量关,共同探究确定系列教材的框架体系、教材间的衔接、编写大纲和知识要点等,并由经验丰富的"双师型教师"和业界专家负责大纲和书稿的审定。旨在使学生通过本系列教材的学习,掌握房地产经营与估价专业的基本理论和专业知识,熟悉房地产经营与估价业务的实际操作方法与技能,真正成为应用型、技能型的专业人才。

本系列教材可以供高等职业教育应用型本科和专科学生使用,也可以作为房地产相关从业人员的参考用书。

中国房地产业方兴未艾,高等职业教育紧密结合经济发展需求不断向行业输送专业应用型人才,任重道远。我们有理由相信,在高等院校与房地产业的紧密合作和共同努力下,房地产专业的学科建设将取得丰硕成果和不断进步。高等职业教育将通过为房地产业不断输送优质专业人才,为我国房地产业的持续健康发展做出自己的贡献。

刘洪玉
清华大学房地产研究所所长、教授
中国房地产估价师与房地产经纪人学会副会长
2007 年 7 月于清华

随着我国经济的发展、居民收入水平的提高、城市化进程的加快以及改善性住房市场需求的增加，房地产需求总量不断攀升。我国房地产业经历了宏观调控之后，运作更加规范，具有广阔的发展前景，专业人才发挥作用的时机真正到来了。房地产专业高级人才越来越受到青睐，其中房地产投融资、房地产管理、项目策划等人才需求增加，营销总监、策划总监、市场总监、企划经理等高端人才紧俏。

房地产营销策划是高校房地产专业的核心职业技能之一，具有极强的实践性、操作性，在其操作过程中融汇了房地产基本概念、营销理论与贸易、科技、文学、艺术、地理、心理学等多种学科。为了更好地学习、理解与掌握房地产营销策划的技能，必须针对性地开展各章节、各技能的操作训练，以达到学以致用、与实践紧密相连的学习效果。

目前国内编写的房地产营销策划方面的教材或专业书籍很多，但多以理论讲解或案例分析为主，营销策划技能培训的专业实训教程非常缺乏。本书正是从房地产行业人才的需要和高校房地产类专业的培养目标出发，以深化房地产市场营销的理论知识、培养学生的职业技能和综合素质为目标，以房地产营销策划工作过程的任务分解为主线，达到真正培养学生进行房地产营销活动设计与策划的能力，使房地产专业的实训教学与企业、行业人才需求相贴近。

本书突出"实训"的主题，以工作过程为导向，按工作项目编写实训内容。在内容安排方面，以选择实地的实际项目为例，以房地产全程营销策划的运作过程为主线，进行房地产全程策划实训。从项目调研开始，依次进行市场细分、选择目标市场、确定产品定位，做好产品策划、价格策划与促销组合策划，并最终得到整合的策划报告。在教材结构设计方面，一方面注重提供现有案例的阅读与分析，一方面设置相应章节的实训方案，提示实训的重点、难点，并在各章节后布置章节练习题供学生练习。在实训参考案例选取方面，结合各工作任务的要点，选取与知识点、技能点相对应的经典的案例。

本书涉及的工作项目有:房地产市场调查策划、房地产市场营销环境、房地产消费者市场与行为分析、房地产市场细分与定位、房地产产品策划、房地产价格策划、房地产促销组合策划、房地产广告策划、房地产销售推广策划、房地产项目主题概念与形象策划、房地产营销计划等 11 个项目。每项目包括:

[1]实训导引:引领本项目实训的主要目的;

[2]案例导入:选择与本项目相关的典型案例,说明项目实训的主要内容;

[3]基本知识要点:说明本项目实训过程中主要涉及的知识点;

[4]实训重点、难点:提炼本项目实训操作中的重点与难点;

[5]实训项目选定:提供可供实训设计的选题;

[6]实训参考资料:实训项目所涉及技能的案例与参考;

[7]实训组织方式:说明实训的具体组织方式;

[8]实训时间:实训课时安排;

[9]实训习题:强化对本项目实训中涉及的重点、难点的理解(提供参考答案);

[10]参考阅读案例:未列入实训参考资料中,但属于对完成本次实训有意义、有帮助的其他案例。我们将这部分案例放在重庆大学出版社教育资源网(网址:http://www.cqup.net/edusrc/index.aspx),供各位读者免费下载。

本书由卓坚红担任主编,刘永胜、阮可任副主编。卓坚红负责全书的统筹、修改、定稿工作,并编写项目一、七、十和十一及参考阅读案例列表;刘永胜编写项目四、六;阮可编写项目三、八;赵小旺编写项目二、九;彭麟编写项目五;周仁杰负责全书案例的校对整理以及协助文稿审核的工作。本书由温州三角洲投资顾问有限公司董事长潘文担任主审,潘先生在百忙之中对本书进行了认真审查,提出了许多宝贵的意见;温州三角洲房产投资顾问有限公司的颜志军和成秀科、温州好望角房产投资有限公司的徐晓清、温州齐家·易麦加房产营销顾问有限公司的王航等专业操盘手为本书的最终定稿付出了大量的心血,在此编者对他表示诚挚的谢意。

本书在编写过程中参阅了大量的文献资料,包括许多房地产市场营销的教材、论著、案例分析和其他大量媒介的信息,由于出版时间紧促,未能及时与相关作者取得联系,非常抱歉。我们切盼沟通,请有关作者尽快与本书编委联系。在此谨向其作者表示衷心的感谢,并对他们的辛勤工作表示由衷的敬意。特别感谢重庆大学出版社、温州职业技术学院、黄冈职业技术学院、浙江建设职业技术学院、广东水利电力职业技术学院、温州三角洲房产投资顾问有限公司、温州好望角房产投资有限公司、温州齐家·易麦加房产营销顾问有限公司等单位的大力支持和帮助。

由于作者水平有限,虽然我们力求突出房地产营销策划技能的实战训练,但不足之处在所难免,我们愿继续努力,不断提高与修订,使之更加完善。恳请读者指正并提出建议与意见,来信请寄:wzzyfc@yeah.net。

编　者

2009 年 6 月

目录
MU　LU

项目一　房地产市场调查策划 ··· 1

项目二　房地产市场营销环境 ··· 18

项目三　房地产消费者市场与行为分析 ································· 32

项目四　房地产市场细分与定位 ·· 45

项目五　房地产产品策划 ··· 59

项目六　房地产价格策划 ··· 72

项目七　房地产促销组合策划 ··· 92

项目八　房地产广告策划 ··· 108

项目九　房地产销售推广策划 ··· 120

项目十　房地产项目主题概念与形象策划 ····························· 130

项目十一　房地产营销计划 ··· 144

参考阅读案例 ··· 156

参考文献 ·· 160

项目一
房地产市场调查策划

实训导引

　　房地产市场调查策划是房地产营销策划的一项基础技能，是非常重要的工作。只有充分调查研究、分析市场，才可能真正把握市场脉搏，安排组织好有效的营销活动。通过本项目的实训，要求掌握房地产市场调查的内容，熟悉市场调查的方法与程序，能够根据调查结果对房地产市场与房地产项目进行市场分析，独立撰写房地产市场调查与分析报告。

【案例导入】

富力集团[1]

　　广州富力地产集团有限公司成立于1993年。富力集团成功开发了包括富力半岛、富力广场等多个著名楼盘在内的共21个地产项目。

　　从北京人对"广州富力"一无所知到富力城成为名闻京城的明星楼盘只用了一年的时间。同样神奇的是，富力地产从一个不到10人的小型民营房地产公司发展到成为广州第一，也仅用了10年时间。

　　业内人士认为，富力成功之处在于以合理的价格、完善的配套、快节奏的产销模式快速占领市场。富力何以成功？董事长李思廉拿出一份刚刚完成的品牌市场调查报告对记者说，关键是生产适合市场需求的产品。企业要追求利润，但不盲目追求最大利润，而是把握合理的利润空间。由于富力主攻消费群最大的"中价房"，薄利多销，"货如轮转"，所以在瞬息万变的市场中以快制快取得了成功。

　　思考：从富力地产成长的经历谈市场调研对于企业发展的意义。

---

　　[1]来源：访谈《李思廉：富力地产集团董事长》，新浪网房产专题，2004.6.26

【基本知识要点】

1. 房地产市场调查的概念和特点

市场调查就是了解市场情况，认识市场现状、历史和未来，还包括调查了解同行业其他企业的经营情况。房地产企业只有通过市场调查才能了解客户的需求和房地产市场的变化，从而进行有效的决策。

房地产市场调查是房地产企业为实现企业特定的经营目标，运用科学的理论和方法以及现代化的调查手段，通过各种途径收集、整理、分析有关房地产市场的资料信息，正确判断和把握市场的现状以及发展趋势，并为企业科学决策提供正确依据的一种活动。

理解房地产市场调查这一概念的内涵，必须注意以下几方面的特点：

①房地产市场调查是个人或组织的一种有目的的活动。

②房地产市场调查是一个系统的过程。

③房地产市场调查包含着对信息的判断、收集、记录、整理、分析、研究和传播等活动。

④房地产市场调查从本质上讲，是一项市场信息工作。

2. 房地产市场调查的内容

（1）房地产市场供给调查

①调查整个地区房地产市场现有产品的供给总量、供给结构、供给变化趋势、市场占有率；房地产市场的销售状况与销售潜力；房地产市场产品的市场生命周期；房地产产品供给的充足程度；房地产企业的种类和数量及其是否存在着市场空隙；有关同类房地产企业的生产经营成本、价格、利润的比较；整个房地产产品价格水平的现状和趋势，最适合于客户接受的价格策略；产品定价及价格变动幅度等。

②调查现有房地产租售客户和业主对房地产的环境、功能、格局、售后服务的意见及对某种房地产产品的接受程度。

③调查新技术、新产品、新工艺、新材料的出现及其在房地产产品上的应用情况。

④调查建筑设计及施工企业的有关情况。

（2）房地产市场需求调查

房地产企业为了使其产品适销对路，必须事先了解消费者的构成、购买动机和购买行为特征，真正做到按照消费者的实际需求来进行企业的生产经营活动。因此，房地产市场需求调查主要包括如下的几个方面。

①房地产消费者调查。房地产消费者市场容量调查，即调研房地产消费者的数量及其构成。主要包括：消费者对某类房地产的总需求量及其饱和点、房地产市场需求发展趋势；房地产现实与潜在的消费者的数量与结构，消费者结构，如地区、年龄、民族特征、性别、文化背景、职业、宗教信仰等；消费者的经济来源和经济收入水平；消费者的实际支付能力；消费者对房地产产品的质量、价格、服务等方面的要求和意

见等。

②房地产消费动机调查。房地产消费动机是激励房地产消费者产生房地产消费行为的内在原因。它主要包括消费者的购买意向、影响消费者购买动机的因素、消费者购买动机的类型等。

③房地产消费行为调查。房地产消费行为是房地产消费者在实际房地产消费过程中的具体表现。房地产消费行为调查就是对房地产消费者购买模式和习惯的调查,主要调查内容包括:消费者购买房地产商品的数量及种类;消费者对房屋设计、价格、质量及位置的要求;消费者对本企业房地产商品的信赖程度和印象;房地产商品购买行为的主要决策者和影响者的情况等。

(3)房地产市场竞争情况调查

房地产市场竞争情况调查对于房地产企业制定市场营销策略有着重要的作用,调查的主要包括竞争企业和竞争产品两方面。

①对竞争企业的调查主要包括:竞争企业的数量、规模、实力状况;竞争企业的生产能力、技术装备水平和社会信誉;竞争企业所采用的市场营销策略和新产品的开发情况;对房地产企业未来市场竞争情况的分析预测等。

②对竞争产品的调查主要包括:竞争产品的设计、结构、质量状况;竞争产品的市场定价和消费者对竞争产品定价的反应;竞争产品的市场占有率;消费者对竞争产品态度和接受情况等。

(4)房地产价格调查

房地产价格的高低对房地产企业的市场销售和盈利情况有着直接的关系,积极开展房地产价格调查,对企业进行正确的市场价格定位具有重要的作用。价格调查的内容包括:

①影响房地产价格变化的因素,特别是国家价格政策对房地产产品定价的影响。

②房地产市场供求情况的变化趋势。

③房地产商品价格需求弹性和供给弹性的大小。

④开发商各种不同的的价格策略和定价方法对房地产租售量的影响。

⑤国际、国内相关房地产市场的价格。

⑥开发个案所在城市及街区或板块的房地产市场价格。

⑦竞争个案价格水平及其支撑因素。

(5)房地产促销与营销渠道调查

①房地产促销调查的内容包括:房地产广告的时空分布及广告效果测定;房地产广告媒体使用情况的调查;房地产广告预算与代理公司调查;促销人员的配备状况;各种公关活动对租售绩效的影响;各种营业推广活动的租售绩效。

②房地产营销渠道调查内容包括:房地产营销渠道的选择、控制与调整情况;营销方式的采用情况、发展趋势及其原因;营销策略的组合变化及执行效果;租售代理商的数量、素质及其租售代理的情况;租售客户对租售代理商的评价等。

3. 房地产市场调查的方法

（1）按确定调查对象的范围划分

按调查对象总体范围不同，房地产市场调查可划分为：全面普查、重点调查、随机抽样、非随机抽样等。

①普查是指对调查对象总体所包含的全部单位进行调查。

②重点调查是以总体中有代表性的单位或消费者作为调查对象，进而推断出一般结论。

③随机抽样是按照随机原则进行抽样，即调查总体中每一个个体被抽到的可能性都是一样的，是一种客观的抽样方法。随机抽样方法又可分为：简单随机抽样、等距抽样、分层抽样和分群抽样。

④非随机抽样是指根据研究人员或专家的主观判断在选定的抽样范围内进行抽样的方法。常用的非随机抽样方法有以下几种：方便抽样，判断抽样，配额抽样。

（2）按调查收集资料的方法划分

按收集资料、信息所采用的具体方法不同，房地产市场调查的方法可划分为：访问法、观察法、实验法等。

①访问法是指通过调查人员向消费者提问的沟通方式来收集信息。包括：人员访问、电话访问、邮寄访问、网上调查。

②观察法是指调查人员通过被调查者的行为或者被调查者的行为痕迹来收集信息资料的方法。

③实验法是指将调查范围缩小到一个比较小的规模上，进行试验后取得一定结果，然后再推断出总体可能的结果。

4. 房地产市场调查的程序

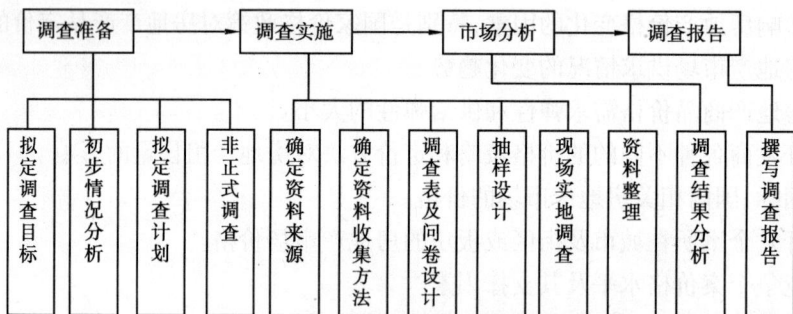

图 1.1 房地产市场调查的程序

5. 撰写和提交调查报告

资料的整理和分析是提出调查报告的基础，提出调查报告则是市场调查的必然过程和结果。一般来讲，调查报告的结构、内容以及风格等，因调研的性质、项目的特点，以及撰写人和参与者的性格、背景、专长和责任的不同而呈现差异。调研报告的基本结构一般应包括前文、正文和附录三大部分。

（1）楼盘市场调查报告的撰写

①填写楼盘调查的信息资料。对单个楼盘进行调查,实质上是对竞争项目的调研。它是房地产市场调查的基础,也是任何资深人员及时了解房地产市场最为具体、直接的途径。

单个楼盘的市场调查资料的填写,通常填写以下五大项:

a. 楼盘产品:主要包括具体楼盘的地理位置、建筑类型和楼盘基本参数。

b. 价格组合:包括楼盘和单元房的单价、均价、总价和付款方式。

c. 广告策略:包括广告基调的推敲、主要诉求点的把握、媒体的选择、广告密度的安排和具体实施效果等。

d. 销售执行:销售执行一方面是指具体业务安排,如销售点的选择、业务执行、人员的配置等;另一方面则是调查实际销售结果,主要从销售率和销售顺序等方面来分析。

e. 竞争企业:包括开发商、设计规划单位、建筑公司、营销咨询与广告公司、销售代理公司、项目主要负责人等。

②楼盘调研总结。一般以产品(地点)、价格、广告和销售四个大的方面为分析思路,不断深入细化,以系统的观点、专业的角度和充分的理由,寻找出楼盘个案在市场操作时成功和失败的地方,并加以归类表述。通常,楼盘调研总结中应包括:成功点、失败点和建议等几个方面。

（2）区域市场调查报告的撰写

房地产区域市场调查报告是房地产市场研究的一种表现形式,和仅仅填写一份或几份楼盘调查表不同,它的视野更开阔、敏锐性更强,自然对调研人员的要求也就更高。

①区域概况是房地产区域特征的总结,主要是对该区域的历史发展、人文环境、生活环境和市政交通等各方面的基本情况做一个概括性的描述。

②目标区域的楼盘情况。通过分类,有重点地逐一进行详尽的客观描述。

③报告结论或建议。

（3）撰写和提交调查报告应注意的事项

撰写调查报告应注意:

①客观、真实、准确地反映调查成果。

②报告的内容简明扼要,重点突出。

③文字简练,用语中肯。

④结论和建议表达清晰,可归纳成要点。

⑤报告后应附必要的表格和附件,以便阅读和使用。

⑥报告完整,印刷清楚美观。

对调研结果的共同点和不同点的分析,以及对形成这种状况的根本原因的深究,是报告结论的关键部分。共同点和不同点的分析包括对产品结构和需求结构方面的分析。一份好的报告,除了应该对未来发展趋势中的供求关系进行宏观预测外,更应该在一些细微的结构方面有所见解。

【实训重点、难点】

房地产调查方案的设计,项目调查问卷设计,房地产调研资料的整理与分析,房地产市场调研报告的撰写。

【实训项目选定】

根据所在地房地产市场实际情况,选择以下实训项目之一布置房地产调研任务。

1. 依据本地近期出让的土地,搜集该地块的技术经济指标,为获得该地块的房地产开发企业提出开发建议。

2. 寻找本地即将进入销售阶段的楼盘,对本地房地产市场进行竞争调查与消费者调查,为该楼盘的开发商提出销售建议。

3. 获取本地滞销楼盘的信息,调查楼盘滞销的原因,为开发商提出滞销楼盘营销调整策略。

4. 对所在地房地产市场宏观状况进行分析与研究,为房地产企业发展战略提供依据。

【实训参考资料】

◆参考资料一:

商圈资料搜集方法举例[1]

(1)商圈内行业类别调查方案

调查目的:了解商圈内行业分布及适合发展的行业

调查范围:依各项目性质而定

调查对象:调查范围内一楼及二楼以上经营商店的负责人或店员

调查方法:人员实地访查后填写问卷

调查项目:①各行业店数比例;②各行业平均面积规模;③各店平均营业业绩;④各店平均来店人数;⑤各店平均利润率;⑥各店开店年期等

(2)商圈内居民生活形态调查方案

调查目的:了解商圈内住户购买能力及消费形态

调查范围:一级商圈(半径约500米),二级商圈(半径约1 000米)

调查对象:上述商圈内15~60岁的居民

---

[1]叶剑平.房地产市场营销[M].北京:中国人民大学出版社,1999:143-144

样本数:按调查预算决定,假设有效份数 500 份,一级商圈 350 份,二级商圈 150 份,男女各半

样本选择方法:根据各年龄层人口的比率抽样

调查项目:

居民特性方面:①人口特性;②职业特性;③住宅状况;④经济状况;⑤家庭状况;⑥汽车持有率

消费形态特性方面:①消费种类;②消费频率;③平均购物金额;④利用的交通工具;⑤消费地点

◆参考资料二:

某公司消费者购房意向调查问卷

1. 基本资料

性别:□男　　　　　□女

年龄:□24 岁以下　　□25~34 岁　　□35~54 岁　　□55 岁以上

学历:□高中及以下　□大中专　　　□本科　　　　□硕士及以上

职业:□军公教　　　□农　　　　　□工　　　　　□商

　　　□自由　　　　□其他＿＿＿＿＿＿＿＿(请填写)

2. 请问您最近 3 年内,有没有买房子的打算?

□打算买房子　　□没有这个打算　　　　　□未定

3. 您认为住家买房子,最重要的是什么?(请只选一个答案)

□实用　　□方便　　□舒适　　□美观　　□气派

4. 您如果想买房子,首先考虑到哪个因素?(请只选一个答案)

□地理位置　　　□交通便利　　□小区内环境　　□户型设计

□价格　　　　　□朝向　　　　□周边自然环境　□小区规模

□配套设施　　　□物业管理　　□购物　　　　　□生活方便

□治安　　　　　□方便子女上学　□产权是否清楚　□开发商信誉

5. 您希望住宅具备哪些功能?(可多选)

□客厅落地窗　　□私家花园　　□有父母房　　□有客人房

□有书房　　　　□住宅凸窗　　□其他＿＿＿＿＿＿(请写明)

6. 您觉得目前的房价如何?

□非常贵　　□有点贵　　□适当　　□还算便宜　　□非常便宜

7. 请问您计划购买高层、多层楼房或别墅?

□多层　　□高层　　□小高层　　□别墅　　□公寓　　□还没考虑

8. 请问您计划买多大面积的房子?

□60 平方米以下　　□60 ~ 79 平方米　　□80 ~ 99 平方米

□100 ~ 119 平方米　□120 ~ 144 平方米　□145 ~ 199 平方米

□200 平方米以上　　□没考虑好

9. 请问您认为目前房价应该是多少钱一平方米比较合理?

□4 000 元以下/平方米　　　　　□4 000 ~ 4 999 元/平方米

□5 000 ~ 5 999 元/平方米　　　□6 000 ~ 6 999 元/平方米

□7 000 元以上/平方米

10. 请问您认为按揭供楼每月支付多少比较合适?

□1 500 元以下　　□1 500 ~ 1 999 元　　□2 000 ~ 2 499 元

□2 500 ~ 2 999 元　□3 000 ~ 3 499 元　　□2 500 ~ 3 999 元

□4 000 元以上

11. 请问您的个人月总收入属于哪一组呢?

□没有收入　　　□1 000 元以下　　□1 000 ~ 1 999 元　　□2 000 ~ 2 999 元

□3 000 ~ 3 999 元　□4 000 ~ 4 999 元　□5 000 ~ 5 999 元　　□6 000 ~ 6 999 元

□7 000 ~ 7 999 元　□8 000 元以上

12. 您习惯接触的媒体有哪些?(可多选)

□××日报　　□××晚报　　□××都市报　　□××导报　　□电视台

□广播电台　　□网络　　　□其他＿＿＿＿＿＿＿＿(请写明)

◆参考资料三:

楼盘调查表[1]

项目名称		地理位置	
开发商		联系电话	
规划设计单位		景观设计单位	
施工单位		工程进度	
周边配套		交通状况	
占地面积		建筑面积	
容积率		绿化率	
项目定位		内部配套	
会所面积		会所功能	
建筑风格		规划布局	
总户数		开盘/认购时间	

[1]来源:温州三角洲房产投资机构

续表

交付时间		销售率	
装修情况		车位配比	
车位价格		车位销售情况	
贷款情况		物业管理	
格局配比		面积配比	
二手转让价格		房源数量	

户型情况	格局设计	建筑面积(平方米)	套数(套)	销售价格(元/平方米)
				单价区间：_____
				平均价格：_____
				总价区间：_____

主力户型情况	单位面积	单价区间	总价区间

销售顺序	户型顺序	面积顺序

目标客户	购房者特征	购买用途

主要卖点	
细部材料运用	
阶段性策略	
销售操作方式	
促销手段	
项目评价	
其他信息	
附图	项目位置图、建筑立面图、景观园林图、房型图

调查人员：_____　　调查时间：_____

◆参考资料四：

房地产市场研究内容[1]

一、前期研究内容

这一阶段的研究成果主要应用于服务项目的投资方向决策。此阶段涉及的研究方向相对比较宏观，主要有：

（1）宏观经济信息

包括政策法规、房地产经济指数、城市规划、区域人口特征、基础设施等基本状况等。通过对宏观市场信息的分析，了解房地产市场的现状及动态。

相关市场信息，包括金融市场、业界动态等与房地产有直接与潜在关系的信息，以推论房地产市场发展前景。

（2）房地产产品研究

在售楼盘资料统计，包括本地所有的房地产项目数据库资料，可进行市场供应量、价格、户型特点、装修情况、新技术、新工艺、新材料的使用情况等各方面的统计分析。

区域市场分析：根据数据库资料对特定区域市场进行定量分析，研究典型个案，对区域市场特点进行分析。

楼盘汇总分析：阶段性对楼盘进行统计分析，追踪市场发展方向。

（3）消费需求趋势研究

主要针对消费者对某类房地产的总需求量以及房地产需求的发展趋势进行研究。主要包括需求动机、购买行为以及需求影响因素的研究，作为开发商把握需求动态的依据，并以此开发出新的产品，并不针对于某一个特定楼盘项目。

（4）品牌研究

在房地产行业发展还不是很正规以及消费者对开发商认知程度比较肤浅的情况下，品牌形象的塑造会为产品销售带来积极的促进作用。房地产开发商正逐步重视品牌的建设，而品牌研究将成为品牌建设的基础。

中期研究内容：

开发商在购置土地之后，需要进行相应的项目开发。此阶段开发商的主要工作环节包括：具体的项目定位、项目规划与设计、项目的建设、项目的推广与销售。

（1）项目定位研究

考虑具体楼盘项目所处的区域，通过对消费者置业消费需求的研究，结合周边竞争项目的研究和区位特征研究，对特定区域内的将建楼盘进行准确的定位。

---

[1]来源：温州三角洲房产投资顾问有限公司

（2）消费需求研究

了解消费者对特定区域楼盘的需求细节、消费动机、消费行为与习惯、决策过程、媒体消费习惯，结合其家庭背景资料、置业阶段与用途、家庭的生活形态以及事业发展形态进行市场细分，并确定各细分市场的规模。

（3）竞争楼盘研究

了解特定区域内竞争楼盘，尤其是明星楼盘的销售状况、主要卖点、吸引消费者的主要因素，为特定将建楼盘的定位提供参考依据。

（4）产品测试研究

在项目定位之后，目标消费人群趋于明朗，该阶段的市场研究应当侧重于项目细节方面，针对特定将建楼盘，依据设计结果对楼盘的各指标分别进行测试。具体的测试内容主要包括：

①社区配套设施与功能需求；

②建筑类型与容积率之间的匹配关系；

③房屋格局/面积与各功能区的使用习惯；

④对装修的意见与个性化实施；

⑤朝向/采光与居室功能之间的关系；

⑥特定需求的价格定位研究。

二、后期研究内容

（1）楼盘媒体宣传分析

对本地在售项目在主要媒体的广告投放量进行统计，可进行楼盘卖点、营销策划活动等市场营销方面的资料收集，根据资料进行媒体投放及营销方式分析，以此作为竞争研究的有力补充。

（2）销售现场研究

在楼盘的预售与公开发售阶段，将会有数量众多不同性质的消费者到销售现场关注开发商的产品。通过对现场的了解，意向购房人群的调查，对销售阶段的媒体策略、销售策略调整提供参考依据。其中主要涉及的研究方向有：

①特定楼盘信息的来源以及最主要的影响渠道；

②看房者所处购房的阶段，以及看房行为与习惯；

③楼盘评价以及与竞争产品对比；

④对销售中心以及人员的评价；

⑤看房满意度研究。

（3）销售监测

随时对销售现场的潜在消费者以及来电咨询的消费者收集相关信息，并定期进行必要的回访，同时进行有效的统计分析，这样才能准确地掌握客户的反馈信息，通过纠正不理想的工作内容，减少客户的流失。

（4）业主满意度研究

现实业主的居住状况,在一定程度上将会影响到具体楼盘以及开发商的声誉,因此,提高现实业主的居住满意度,将会树立开发商良好的品牌形象,提升消费者美誉度与忠诚度,并带来有效的销售业绩。该研究方向主要是了解消费者对开发商、特定楼盘以及物业等方面的满意度。

◆参考资料五:

温州瑞安 LZ 豪庭·前期市场调研报告[1]

温州瑞安 LZ 豪庭

第一部分:瑞安楼市概况

一、瑞安概况

瑞安市陆地面积 1 271 平方千米,海域面积 3 060 平方千米,人口 111.86 万人。瑞安市行政区域面积 1 204.2 平方千米,共辖 32 个乡镇。目前瑞安已组建了 5 个较大规模的建制镇,构筑了包含安阳、莘塍、飞云在内的"一城三镇"的城市框架。瑞安中心区的规模已不断扩大,现由旧城区、安阳新区、经济技术开发区组成新框架,建成区面积扩展到 18.1 平方千米,城市化水平达到 44.5%,市区人口发展到 14.3 万人。瑞安商圈目前主要集中在老城区,安新城区作为正发展中的新区,已逐步形成居住、商业、娱乐等为一体的综合性区域。瑞安处于中期发展阶段,整体商业分布有一定的

---

[1]来源:温州齐家·易麦加房产营销顾问有限公司

规律。

二、瑞安楼市总体状况

与温州市区楼市一样,瑞安楼市在2—4月份,房价经历了疯狂的上升,短时间内整个瑞安房价每平方米约上涨了500~1 000元。房价的上升带动了瑞安市区二手房的交易,2—4月份共办理交易2 630件。

5—8月份以来,受政策、传统楼市淡季等因素影响,楼市进入平静期,二手房交易相对前几个月,出现了萎缩,和年初的火热相比判若两地。

然而,进入下半年,瑞安楼市特别是安阳一带二手房逐渐回暖,二手房交易量有所上升,个别楼盘的挂牌价格达到9 000元/平方米。

三、瑞安主要区域楼市概况

1.老城区概况:老城区是瑞安市传统商业街和居住区,医院、学校、餐饮、商业等城市配套十分成熟。目前,在老城区一带,主要以原开发的多层住宅为主,新开发楼盘较少。如虹桥路的皇都大厦,高层纯住宅价格达到了8 000元/平方米。沿街商铺价格也呈不断上升趋势,如虹桥路20平方米,年租金约15万。但可供销售的商铺较少。

2.安阳新区概括:安阳新区是瑞安的新区,基础设施起点及规划开发水平更高,随着城市的发展,安阳新区的经济政治地位的进一步明确,周边人口向中心聚集是大势所趋。作为最具发展潜力的区域,安阳新区的楼盘一直受到炒房者、购房者的追捧,是瑞安最受瞩目的区域。从目前瑞安三级市场来看,楼盘价格一路飚升,每年涨幅约20%,目前这一片区在建楼盘居多,已基本销售完毕,拟建的几处返回地也逐步规划中,新盘数量较少,正处于青黄不接的阶段。

四、消费者状况分析

1.目前购房的主力从富裕阶层向中等富裕家庭转移。这部分客户手中资金充足,但购房消费理性,并非以追求时尚和攀比为主要目的,而更注重楼盘的综合素质,如小区规模、环境、结构、外立面及物业管理等,实用主义开始渗透入购房者的消费观。

2.当地的经济实力较强,存在一部份购买力相当强的人,高品质的住宅有一定的市场。

3.瑞安人在购房区域的认识方面较成熟。许多瑞安人认为旧城区区域功能混杂,配套设施不完善,居住环境欠佳,新城与旧城之间的房价没有太大差异,因此新区是瑞安人购房的首选区域。安阳新区已经形成大规模的开发热潮,将会带动周边的地产物业。

4.瑞安购房群体中大多数人采取贷款方式,故房款总额的大小对瑞安购房群不会形成太大的压力。新楼盘在提高品质的前提下,房价还是存在一定的提升空间。

5.炒房者逐渐减少,购房自住成为市场的主力。

第二部分:竞争者概况

一、安阳主要街区情况

1. 火车站南路：目前来看，整体分布脏、乱，以厂房、汽车修理店居多。火车站南路口北向平阳方向、南向温州方向占有一定的区位交通优势，周围生活配套尚在逐步形成阶段。直向罗阳大道一带，在建楼盘有 OR 豪庭、D 景苑、HR 大厦、DN 大厦等。已建好楼盘如 WZ 银座、WS 锦园等。拟建九一欣华城。

2. 安阳路：整体分布以经营家装材料居多，附近高档楼盘有风荷苑、信达花苑、京都花苑等已销售入住。周边已初步形成一定的生活配套。拟建车头村。

3. 隆山东路：目前处于开发状态，在建楼盘多。

4. 万松东路：成熟的街区功能，生活配套完善，商业氛围浓郁。在建的有东南大厦等楼盘。

5. 塘河北路：街区功能较完善，代表楼盘：湖滨小区。

6. 集云山路：目前只形成右面业态分布无规律的店面，左面拟建东山外埠村。

二、安阳区主要竞争楼盘信息一览表

楼盘	位置	开盘均价（元/m²）	市场价（元/m²）	概况
××小区	罗阳大道与仲容路交叉口	约 6 500	8 200	1. 位于瑞安市安阳新区，总建筑面积近 10 万 m²，由六幢点式与六幢板式 12～19 层的高层建筑组成。小区北接仲容路，西临罗阳大道，南侧为城市规划道路，东面与安阳高级中学紧邻，距瑞安中心广场仅咫尺之遥；2. 2005 年开盘，已售完；3. 施工情况：封顶。
××花苑	瑞安广场边	约 6 300	7 700	1. 总用地 16 076 m²，总建筑面积 84 943 m²，其中住宅 54 533 m²，商业用房 1 200 m²，酒店用房 9 959 m²，物业经营管理用房 463 m²，地下室 18 764 m²。沿广场布置的建筑群包括住宅、单身公寓、办公用房、商业用房、综合用房以及地下二层车库等；2. 已售完；3. 在建中。
××家园	瑞安中心广场辐射范围内	约 6 000	7 000	1. 西靠新区火车站南路，小区占地约 13 883 m²，总建筑面积约为 38 390 m²。六幢 12 层小高层和一幢 17 层高层住宅；2. 2005 年开盘，目前已售完；3. 在建中。

续表

楼盘	位置	开盘均价（元/m²）	市场价（元/m²）	概　况
××大厦	西临火车站南路,南塘河南路	约4 500	6 000	1.主体建筑为一幢板式商住楼,共18层,三层以上为住宅,大厦总用地面积6 184.7 m²,总建筑面积30 783 m²; 2.2004年开盘,已交付。
××苑三期	安阳路	3 000多	9 000	1.小区坐落于安阳新区中心地段,北靠隆山路,东临安阳路,南以集云山路为界,毗邻省重点学校安阳中学、安阳小学。三期占地100余亩,总建筑面积14万m²; 2.已交付一年多。

第三部分:项目地块分析

LZ豪庭地块位于瑞安市安阳新区,而安阳做为瑞安的热点版区,有一定的区位优势。它毗邻火车站南路,地块总建筑面积约28 266.23 m²,其中住宅14 653.98 m²,商铺947.63 m²,地块周边在建楼盘多。

一、项目优势

1.处于安阳新区热点板块之中,地理位置优越,这里将是未来瑞安城市发展的中心。

2.本案周边在建项目、即将交付的楼盘较多,周边居住社区渐渐成形,该区域发展前景看好。

3.交通方便迅捷,邻近火车站南路等瑞安的交通主干道。

4.楼盘幢距大、进深短,很好地保障了楼盘的通风采光。

二、项目劣势

1.地块周边有噪杂的厂房,降低项目的档次。

2.地块临火车站南路,繁忙的车流将造成一定的噪音污染。在规划设计中应考虑在临路边地块设停车场和商务办公建筑等处采取措施,弱化噪音污染,最大化地提升商用和住宅价值。

3.周边商务、居住配套形成一定规模需一定时间。

三、项目机会

1.瑞安新区是市场关注的热点区域,其良好的发展前景为楼盘提供较大的市场空间。

2.瑞安人对新事物接受能力较强,有一定的经济实力。

3.安阳新区对周边城镇的聚集效应较强。

4.目前楼盘处于青黄不接的状况,新盘稀缺。

5.换房族、多次置业(投资)者及周边城镇占有相当比重。

6.瑞安市房地产营销手段落后,导入专业化的房产营销策划,有望增加项目附加值。

四、项目威胁

1.周边同质化楼盘较多,增加区域的竞争。

2.安阳新区的旧村安置项目正在进行,大量返回地将消耗大批购房客户。

根据上述分析,该项目处于自住市场竞争激烈的安阳新区,产品定位的高品质独特性成了最优的选择。从房地产项目操作的角度而言,高档住宅并不在乎提供一种多么诱人的生活方式,而在于它是产品差异化的利器之一。

第四部分:产品建议

略

【实训组织方式】

1.组织学生组建模拟房地产营销公司,做好人员分工与公司初步理念设计。

2.由模拟公司组织开展本地区的房地产市场调研活动。

3.召开公司工作会议,交流讨论调研数据与信息。

4.各成员独立完成调研报告的撰写。

5.公司推荐优秀"员工"报告,制作 PowerPoint 课件在全班演示并解说。

【实训时间】

实训时间安排为课堂4课时,课余3~4天。

【实训习题】

1.房地产市场的起点和基础是(   )。

    A.市场调查   B.市场预测   C.市场细分   D.市场定位

2.封闭式问卷是要求被调查人从问卷给定的一系列选择项中,选择与自己情况或看法最为接近的一项或多项答案,它的主要优点是(   )。

    A.容易设计   B.便于信息采集 C.反映客观问题 D.易于记录

3.在房地产市场现场调研方法中,(   )调研较为客观真实,并且在一般的消费品等产品类型的市场调研中应用较多。

    A.入户询问法   B.实验法   C.观察法   D.路上拦截法

4.办公楼市场调研的竞争分析主要是确认在特定的细分市场上,现有的和潜在的竞争者的数量、特征及其基本竞争策略,制定相应的措施,现有的竞争者则往往采用(   )的方法来获取。

    A.定性研究   B.现场调研   C.二手资料   D.政府规划

5.房地产企业在研究住宅小区的规划设计、户型设计和服务质量时,最常用的是（　　）。

　　A.实验法　　　　B.电话询问法　　　C.深度访谈法　　　D.小组访谈法

6.在住宅楼市场调研的供求分析中,要确定（　　）。

　　A.潜在需求　　　　　　　　　B.需求的绝对量

　　C.供给的绝对量　　　　　　　D.供求缺口的大小和方向

7.在房地产市场调研主题的确定过程中,通过与行业内的专业人士讨论,能更快地明确调研主题。讨论时,在场人员包括研究者和专业人士在内以不超过（　　）为宜,人数太多不易控制论题范围,而太少则不易产生激发效应,达不到应有的效果。

　　A.3～5人　　　B.5～8人　　　C.5～10人　　　D.8～10人

8.在商业用房市场分析中,消费者需求是除住宅以外的对其他商品和劳务的需求,商业用房市场调研最重要的步骤是（　　）。

　　A.供求关系分析　　　　　　　B.市场容量分析

　　C.竞争分析　　　　　　　　　D.商业用房赢利潜力分析

9.采用专家小组征集意见的方法称为（　　）。

　　A.德尔菲法　　　B.头脑风暴法　　C.调查问卷法　　D.入户询问法

10.在办公楼市场调研中,由于各种不同细分市场的规模和特征差异较大,为全面反映总体特征,通常采用的抽样方法是（　　）。

　　A.随机抽样　　　B.分层抽样　　　C.分批抽样　　　D.分户抽样

项目二

房地产市场营销环境

实训导引

　　房地产市场营销环境是指与房地产开发企业营销活动有潜在关系的所有外部力量和相关因素的集合,它是影响企业生存和发展的条件。房地产市场营销环境是一个多因素、多层次且处于不断变化的综合体。通过本项目的实训,要求掌握房地产企业研究市场营销环境的必要性,我国房地产业面临的营销环境及其特征,理解房地产企业对市场营销环境适应性的途径。

【案例导入】

无奈的市场[1]

　　房地产业有其固定的发展规律,周期一般为 5～10 年,任何国家都不能例外。美国房地产业在经历了 8 年的快速上涨之后,2007 年房价开始出现下滑,销售大幅萎缩,次贷危机全面爆发。房价下跌地区数量比重由 2007 年第四季度的 34% 上升到 2008 年一季度的 67%。据美国政府统计,2008 年 6 月美国新房销售量环比下降 0.6%。自 2007 年 6 月以来,新房销售量萎缩 33.2%。

　　次贷危机使 300 万借贷人处在贫困当中,900 万房主的房屋价值不抵贷款,美国最大的两家房贷机构陷入困境,也使美国股市步入熊市。华尔街的金融机构在次贷危机中的损失已超过 1 500 亿美元,未来还有继续增加的可能,多数金融企业被迫裁员。据统计,在过去 9 个月内,华尔街金融行业已经裁员 3.4 万人。

　　美国次贷危机影响波及范围广泛,家具业、金融业、建筑业都深受影响,陷入发展困境。美联储为拯救市场,从 2007 年 9 月起,连续 7 次降息,联邦基金利率由 5.25%

---

[1]来源:房策网,http://www.swotbbs.com/

降至2%,经过连续七次降息和大量注资,投入3 000亿美元拯救陷入财务困境的购房者。

英国的数次加息也使其房地产业步入下行通道。自2007年8月以来,英国房价已连续10个月出现下跌。7月房价指数相比6月下降1.2%,英国房地产业的信心指数也不断下降。同时,英国经济发展也日益缓慢,一季度增长0.2%,为3年来最慢。此外,法国、日本、韩国等发达国家的房地产市场也开始降温。

思考:房地产市场能脱离其他行业环境而独善其身吗?

【基本知识要点】

1.房地产市场营销环境的概念和特点

(1)房地产市场营销环境的概念

房地产市场营销环境主要是指房地产企业生存和发展所必须的,但又是独立于房地产企业之外的制约、影响房地产企业营销活动的众多参与者与影响力的集合。

①房地产市场营销环境是由众多参与者与影响力构成的,包括宏观环境和微观环境。

宏观环境:指一个国家或地区的政治、法律、人口、经济、社会文化、科学技术等影响企业营销活动的宏观因素,由外界的自然环境、人口环境、经济环境、技术环境、社会文化环境及政治法律环境等因素组成。

微观环境:与企业相关的供应商、营销中介、顾客、竞争者和有关公众等对企业营销活动有直接影响的因素。

②房地产市场营销环境的各个因素是动态变化的。

③房地产市场营销环境是一种较难确定但又可在一定程度上认识和把握的因素。

(2)房地产市场营销环境的特点

①关联性。包括经济与政治的关系,经济、政治与法律的关系,社会文化及其受政治、法律、经济的制约等。

②层次性。一般有4个层次,其中第1层次为房地产企业所在地区环境;第2层次为房地产企业所在城市或省的政策法令、规划要求;第3层次为整个国家的政策法规、社会经济;第4层次为国际环境。

③差别性。如房地产企业所处地区、生产产品、企业规模、所有制性质等均不相同。

④动态性。房地产企业所面临的市场营销环境总是处于不断变化中,其各个具体因素也是随着市场经济的发展而不断变化,而且诸因素变化程度也各不相同。

2.房地产市场营销环境的主要内容

(1)房地产市场营销的宏观环境

①法律制度环境。具体为与房地产业有关的正式规则,包括现行法律与相关

政策。

②经济环境。城市或区域总体经济发展水平、就业、支付能力、产业与结构布局、基础设施状况、利率和通货膨胀等。

③政治环境。政治体制、政局稳定性、政府能力、政策连续性、政府及公众对待外资的态度等。

④人口环境。人口数量与自然增长率、人口的年龄结构分布(老龄社会问题)、婚姻与家庭结构状况(同居、结婚率、离婚率)、人口的文化状况、人口的地理迁移。

⑤社会文化环境。社会环境包括社会制度、社会秩序、社会信誉、社会服务等;文化环境包括人与自我、人与他人、人与机构、人与自然等的关系。

⑥技术环境。如建筑材料、建筑施工技术和工艺、建筑设备的进步、信息技术的发展与应用、房地产业信息化的要求。

⑦自然环境。如某些自然资源供应日趋紧张,环境污染日趋严重,能源成本发生变化,国家加强对生态环境的管理与干预等。

(2)房地产市场营销的微观环境(见图2.1)

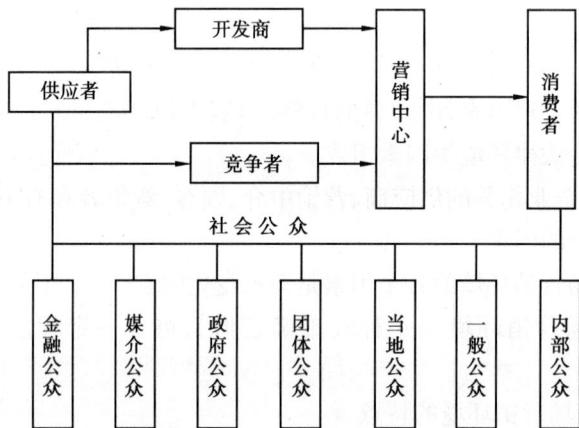

图2.1　房地产市场营销的微观环境构成

①供应者。能够提供土地、建材和服务等资源的机构、企业或个人,包括提供土地、建筑设计方案、原材料、设备、能源、劳务和资金等的供应方。

②房地产开发商。房地产市场营销微观环境最重要的是房地产企业内部的环境力量,即企业内部各个部门、各个管理层次的分工协作、运作方式、运行状况及企业员工凝聚力等。

③房地产营销中介。协助房地产企业销售其产品给最终消费者的企业和单位,包括:中间商、营销服务机构、财务中介机构、房地产经纪机构、房地产估价机构等。

④房地产消费者。既包括最终消费者,也包括中间产品市场的顾客。

⑤竞争者。每一个房地产企业的营销系统都是在一群竞争对手的包围和制约下从事自由的营销活动。

⑥社会公众。指任何能对房地产企业的营销目标产生实际、潜在利益或者影响

的群体。

3. 房地产市场营销环境分析

房地产市场营销环境分析的主要方法是"SWOT"(优势·劣势·机会·威胁)分析法。

优势(strength)是企业相对于竞争对手而言所具备的技术能力、资源及其他特殊强势因素,有助于企业增强自身的市场竞争力。

劣势(weakness)是严重影响企业经营效率的技术能力、资源、设施、管理能力以及营销水平等限制因素,需要企业在相应的领域进行变革。

机会(opportunity)是企业所处环境的有利形势,企业应加以充分利用。

威胁(threat)是企业所处环境的不利因素,这些因素是企业发展的约束和障碍,企业应努力使其负面影响降至最低。

机会和威胁是影响企业的外部因素,优势和劣势是影响企业的内部因素。按照企业竞争战略的完整概念,战略应是一个企业"能够做的"(即组织的强项和弱项)和"可能做的(即环境的机会和威胁)之间的有机组合。SWOT分析通过对优势、劣势、机会和威胁的综合评估与分析得出结论,然后再调整企业资源及企业策略,从而达成企业的目标。

4. 撰写和提交营销环境分析报告应注意的事项

①数据可靠准确,资料分析全面;

②报告的内容简明扼要,重点突出;

③结论和建议表达清晰;

④报告完整清楚。

【实训重点、难点】

通过周密的调研和分析,明确房地产市场机会、市场威胁及企业自身的优劣势,从而为战略定位及营销策略提供决策依据;房地产环境调研资料的整理与分析;房地产市场营销环境调研报告的撰写。

【实训项目选定】

根据所在地房地产市场实际情况,选择以下实训项目之一作为房地产调研任务。

1. 所在地房地产市场环境状况分析与研究,为房地产企业实施发展战略提供依据;

2. 了解城市特定区域的土地供需情况,选择某一地块对该项目进行营销环境分析;

3. 寻找本地进入销售阶段的楼盘,对本地房地产市场进行宏观与微观环境分析以及有效的竞争者分析,为该楼盘的开发商提出销售建议。

【实训参考资料】

◆参考资料一:

杭州市房地产市场呈现新特点[1]

1. 房地产开发投资增幅有所回落。2005年初,随着全国房地产形势的发展,杭州市房地产开发投资呈现持续增长的态势。5月,受到房产新政的影响,杭州市房地产开发投资额急剧下降。但随着各级政府对投资工作的重视程度不断加强,积极采取措施解决杭州市房地产投资中遇到的土地拆迁、资金紧缺、能源紧张等问题,以及房地产开发商的理性预期,杭州市投资形势逐步回暖。至11月,杭州市累计实现房地产开发完成投资额295.9亿元,较上年同期增加29.7%。尽管受宏观调控的影响,2005年杭州房地产开发投资出现短期波动,但总体而言仍呈现上升趋势,但增幅有所回落。

2. 市场供不应求的状态有所缓解。以前始终是供不应求的杭州房地产市场,在宏观调控的影响下,现在出现了一些变化:开发商由于资金的压力,希望尽快出售以期及早回笼资金,而投资者和自住型购房者也在总体政策的影响下,显得更加谨慎,因而在需求上出现了一定的萎缩,以往供不应求的状态得到了极大的缓解。杭州透明售房网公布的数据显示,2005年1—11月,杭州市批准预售商品房面积832.65万m^2,其中批准预售商品住宅674.94万m^2。然而,1—11月杭州市完成商品房预售面积567.32万m^2,其中商品住宅预售474.16万m^2。从数据不难发现,一方面表明杭州市商品房需求依然旺盛;另一方面,杭州市场的房源仍然十分丰富,购房者挑选的余地很大。

3. 商品住宅销售情况逐步回暖。根据杭州透明售房网的一手房市场成交数据,自3月底以来,杭州的八大城区商品住房交易量出现持续下滑,其中5月成交量创新低,仅为432套。但是6月之后,随着开发商和购房者的心态逐渐缓和,市场明显出现回暖的迹象。随着"金九银十"的到来,成交量再创新高。可见,在宏观调控下的短期观望之后,购房者逐渐恢复了对杭州楼市的信心,房地产真实需求正在得到逐步释放。

杭州商品住宅不仅成交量上发生变化,成交均价也出现了拐点。2005年3月之后,杭州八大城区商品房成交均价持续下跌。6月份随着新政的实施,成交均价下跌幅度加剧,为7 176元/m^2,比5月份下跌15.9%。7月份成交均价跌至最低谷,仅为6 442元/m^2。但是,随着成交量的回升,成交均价也实现了触底反弹。8—10月,新盘成交均价分别为8 594、9 226和8 889元/m^2,商品住宅价格涨幅逐渐趋稳,甚至有

---

[1]来源:贾生华,杭州房地产市场步入调整周期,住在杭州网,http://www.zjol.com.cn

所回调。而 11 月,由于中低价位楼盘的热销,导致当月的成交均价有所降低,为 7 625 元/m²。但是总体而言,杭州房地产市场逐渐回暖的趋势还是十分明显的。

4. 二手房抛售现象有所改观。2005 年初,二手房市场销售情况较为良好。但自"国八条"出台后,二手房市场反应敏感。5—6 月份,二手房大量挂牌的现象出现,与之相反的是成交量却持续下滑。"六一"大限之后,二手房大量抛售的现象有所改观,房主的心态也逐渐趋于缓和。2005 年下半年,杭州市二手房挂牌价格逐渐趋于理性,并且往往参照了周边新开楼盘的市场价格而定。

5. 投机性购房得到有效抑制。一方面,2005 年宏观调控对营业税等政策的调整,使得短期投机性购房需求得到有效抑制;另一方面,外地人下单所占比重有所减少。杭州透明售房网统计数字显示,外地人购房也随着楼市的逐步回暖有所增加,但占当月商品住宅总销售量的比重却持续下降,9—11 月分别为 21.4%、14.47% 和 11.42%。显然,宏观调控对于外地人在杭州投资住宅具有明显影响。投资投机性购房得到挤压,这也恰恰是新政调控的重点之一,有利于促进杭州房地产市场的平稳发展。

◆参考资料二:

顺驰 VS 万科,快与稳的较量[1]

素以稳健著称的万科在 2004 年初遭遇了以黑马姿态急速扩张的顺驰集团的挑战。顺驰掌舵人孙宏斌公开声称将在 3 年内赶超万科,成为行业第一。而时隔两年,万科的王石则为这场竞争做了评语:如果把握好节奏,顺驰能够成为一家非常优秀的公司。但现在要为盲目扩张造就的奇迹付出代价。

每一个企业都有自己的战略,既不能用产品主义来定位顺驰的不足,也不能用速度主义来证明万科的保守。房地产企业的优秀与否应该有一个综合的标准,包括销售额、开发能力、管理、企业文化、核心价值观、透明度、公共形象、行业的影响力、区域经济的影响力。顺驰和万科,谁能笑到最后?

一、顺驰模式,一飞冲天

从 1994 年,顺驰从联想借资 50 万起家,到 2004 年,营业收入逾 40 亿,翌年,顺驰以惊人的速度成为营业收入过百亿的规模企业。毋庸置疑,快速扩张是顺驰模式的显著特征。

2003 年年中,国土资源部出台的新的土地政策(政策提出土地招拍挂概念)被业界普遍认为是地产商异地扩张的利好。顺驰的孙宏斌正是看准了这个机会,开始大张旗鼓地推行"做全国房地产 No.1"战略。2003 年土地政策、金融政策调整给顺驰带

---

[1]来源:刘卫华,中国管理顾问网,http://www.teamdo.com.cn 2007.01.03

来了新的契机，顺驰开始在全国不遗余力、不惜巨资拿地。要保持开发项目数量的高速增长，资金是个大问题，此时对于顺驰的发展，顺驰置业(二手房中介连锁)也功不可没。顺驰中国(地产开发)与顺驰置业(二手房中介)形成有效协同。

高价拿地是顺驰要保持高速扩张的必要代价，而强大的资金需求要求顺驰缩短项目开发周期。顺驰想尽一切办法加快项目开发，譬如，对于设计部分，为了节约时间，几乎不招标而采用委托方式。这种"用金钱换时间"的高成本无疑给顺驰的房地产定价一个两难抉择：如果房价定得低，则无法消化成本；如果定得高，自然会延长楼盘销售时间，不利于资金快速回笼。

而且从顺驰的模式来看，要消化高成本，必然尽量定位中高端。虽然高端定位不意味着高毛利，但是低端定位常常意味着低毛利，而中高端客户大多是要"换房"的客户，其需求当然不会像第一次购房的客户那样迫切，购房决策也会很慢。从这点看，这与顺驰模式要求快速回笼资金的要求不符。

由此可推断，要真正解决顺驰的资金问题，唯有找到一个死心塌地、有雄厚实力的金融大东家。但是要知道，资金有逐利性，一旦房地产行业有什么风吹草动，或者顺驰内部经营有不良征兆，资金必定会马上抽走，届时，对顺驰无疑是雪上加霜。

二、万科模式，步步为营

作为房地产行业的明星企业，万科一直注重成本管理，房地产大多是非标准化产品，因此在房地产成本管理中，最为关键的是对"待发生成本"的把握，预期能把握得更细更准，计划才能做的更加合理，管理才能更科学，更精细。万科在成本管理方面的措施主要集中在三个方面：

其一，标准化的产品线。万科的产品线比较单一，而正是这种单一的产品线，有利于形成标准化产品，而标准化产品相对非标准化产品而言，其成本控制更加容易。万科在追求创新时，在设计环节，新楼盘只有30%是创新的，70%是从原来的经验中继承而来的，这样既保证了产品的标准化，又保证了产品创新和产品线的延伸。更重要的是，标准化的产品减少了工程管理中许多本不该发生的变更签证，工程管理也就更加顺畅。

其二，信息系统。万科一直以来非常注重信息系统建设，房地产开发企业的流程相比一般生产制造企业更为复杂，其间的沟通协调量非常大，信息系统的导入，不仅可以提高工作效率，也可以时时保持信息渠道的通畅。

其三，庞大的采购信息数据库。有了这个数据库，建造成本预算的准确性也就大有保障，预算准确，其后的控制目标体系和考核指标体系的科学性、准确性就更强。

这些都是企业有序、高效运行的基本保障和推动因素，而这一切的结果，在于整个成本的降低。万科的目标成本管理差异率保持在5%左右，而同行大多保持在15%左右，更多二三线品牌则在30%左右。

另外，作为房地产企业的排头兵，万科的品牌优势以及高品质的楼盘，理所当然更容易实现品牌溢价。

万科拥有"低成本,高品牌溢价"两把利剑,尽管如此,从万科的经营结果来看,其盈利还是比较平和的,近几年销售利润率平均在10%左右,平均净资产回报率也只有12%。

三、顺驰模式与万科模式谁将笑傲江湖

如果行业环境不变,而且顺驰的计划一切天遂人愿,在规模上超过万科也不足为奇,但是从经营结果上来看,未必就可观。从行业的角度来看,顺驰模式和万科模式,两者的差异就更加明显,顺驰模式彰显出快速扩张的即时爆发力,而万科模式则显示出持续发展的长久耐力。

◆参考资料三:

温州瓯海大道 ZY 地块分析[1]

(一)基本经济指标表

	A 地块	B 地块	总计
规划建设用地面积	17 418.16 m² (26.127 2 亩)	24 558.55 m² (36.837 8 亩)	41 976.71 m² (62.965 亩)
土地用途	商业住宅用地		
容积率	<2.3	<2.3	
计入容积率总建筑面积	<4 万 m²	<5.6 万 m²	<9.6 万 m²
建筑密度	<35%		
建筑高度	≤52 m		
绿地率	≥25%		
规划建筑限制要求	套型建筑面积90 m² 以下住房占总居住面积比重达70% 以上		
其他规划建筑要求	按地上总建筑面积7‰配置物业管理用房		
招标出让时间	2008 年 3 月 12 日		
招标起始价	6.75 亿元		
招标起始楼面价	7 030.42 元/m²		
投标对象开发资质要求	三级(含)以上的房地产开发公司		

[1]来源:温州三角洲房产投资顾问有限公司

(二)周边配套现状分析

(1)生活圈

大卖场:百安居、联结福、易初莲花、家乐福(在建)、温州文化用品市场;

学校:三垟中学、黄屿小学;

休闲:温州生态园(在建);

其他:黄屿批发超市、三垟菜场、农村信用社、移动营业厅、中小诊所等。

(2)15分钟车程辐射范围内主要城市配套

政府机构:市行政中心、杨府山CBD(在建)、瓯海行政中心(在建)、龙湾行政中心;

交通枢纽:温州火车站、火车站新客站(在建)、永强机场、汽车东站、汽车南站、新城客站、龙湾交通中心;

学校:温州高教园区、温州中学、三垟中学、黄屿小学、啸秋中学、茶山中学等;

开发区:瓯海经济开发区、炬光园科技园区、温州经济技术开发、温州高新技术产业园区、滨海园区、温州中心工业园区;

商业设施:易初莲花、百安居、家乐福、文化用品市场、大西洋、阿外楼生态酒店等;

生态景区:温州生态园、瑶溪风景区、茶山风景区、温州乐园等。

(三)地块SWOT分析

优势分析(S)

1.位于温州第一大动脉瓯海大道中段黄金位置,依托纵向的汤家桥大道可以连接市区交通网,出行十分便利;

2.地块总体规模适中,四周视野非常好,可塑性强,其中Y地块毗邻湿地自然水系,在园林景观塑造上有一定的天然优势;

3.毗邻温州生态园——三垟湿地,休闲生态环境优越;

4.在周边区域范围内,铂金府邸、名人广场、黄屿C地块等中高档项目都在开发中,有利于整体区域板块居住氛围的快速形成。

劣势分析(W)

1.地块被规划路分为Z、Y两个地块,且地块形状极不规划,边角较多,在规划布局上有一定的局限;

2.A地块北面邻近货运铁道,产生一定的噪声污染,对社区档次有一定的负面影响;

3.周边地区原来是城郊乡镇,各项生活配套不很完善,且档次较低;

4.地块受到"70/90政策"的限制。

机会分析(O)

1.随着大温州都市区的"东拓、南连",地块已被纳入中心城市范围,瓯海大道沿线成为开发热点;

2.瓯海大道东段已全线贯通,借助便利的交通条件,在15分钟车程内可以享受到沿线及周边区域的各项生活配套和工作便利;

3.三垟湿地的开发和建设以及旅游休闲配套的跟进,将使地块周边的自然环境和公共资源得到更好的提升;

4.城市快速路的建设和私家车的普及,使得一批潜在的市中心、周边郊镇地区的客户会选择在城郊新开发板块购房置业。

威胁分析(T)

1.近年来,温州大道以南、瓯海大道沿线片区土地投放量比较集中且有加大之势,本地块面临着一定的竞争压力;

2.从周边各项目的定位看,铂金府邸、黄屿C、名人广场等地块在立地条件、地块规模等方面均有较大优势,产品也定位在中高档次的大户型,而在瓯海大道沿线,中低档次的经济适用房分布较为集中,因此本项目在地块条件和产品定位等方面处于比较尴尬的夹缝状态;

3.对广大没有私家车的普通市民来说,本地块所在区域还比较偏远,公共交通等各项配套也不够完善,在购房趋向方面要加大营销导向力度。

（四）地块资源评价分析

评价因素	Z地块	Y地块
地块形状	基本呈高锐角的等腰三角形,角尖位置难以开发利用	西南角有保留用地,整个地块比较规则,有两面邻接自然水系
外部邻接	西面邻近汤家桥路,北面邻近货运铁路,南面接规划路	西面邻近汤家桥路,北面接规划路,东、南面临接湿地自然水系,隔水系为比较脏乱的手工业大棚。水系南面还有一个规模较小的空地,估计将作为公建用地
地块现状	堆积了大量废土和垃圾,另有不少绿化树苗需要迁移	堆积了大量废土和垃圾,另有不少农业菜地和简易手工制作场
总体状况	地块西面隔汤家桥路与在建的铂金府邸为邻;东面与黄屿C地块遥望,隔自然水系有大片农业和手工业混杂用地,环境较杂乱,将来可能会规划开发;南面隔自然水系和保留公建用地毗邻瓯海大道,一定程度上缓解了快速路的噪音、废气等干扰	
分析结论	交通便利,但地块边角多,规划建设的难度较大;毗邻货运铁路,对物业档次的负面影响较大。建议通过优化社区绿化、配套功能来提升地块的整体居住品位;为了合理利用整个项目的资源,建议项目的物业管理用房也安置在本地块范围内	内外交通便利,地块规模适中,形状也较规则;毗邻生态湿地水系,具备良好的社区景观塑造条件;南面毗邻瓯海大道和规划中的温州生态园,景观视野良好;地块总体上具备打造高档物业的条件。建议在项目总体开发计划中优先开发,以树立总体项目的品质形象,带动Z地块的顺利开发和销售

◆参考资料四：

"红日香舍里"SWOT 阐述[1]

一、优势分析（Strength）

1. 项目在当地规模较大，生态自然条件具有较大可塑性；

2. 处于新城 CLD 板块，发展前景优越；

3. 开发商成功开发的红日一、二期在市场上口碑较好，对本项目有一定的品牌累积效应；

4. 项目的创新户型适合市场主流需求，内部各项配套也比较齐备。

二、劣势分析（Weakness）

1. 项目周边尚未整体开发，空地、老住宅与新开发项目混杂，影响物业的形象档次；

2. 周边配套特别是交通不够完善；

3. 温州楼市逐步进入品质化时代，产品品质创新的竞争加剧。

三、机会分析（Opportunity）

1. 温州城市建设"东扩"，新城板块成为未来都市中心区；

2. 后 SARS 时代，人居开始注重健康与生态；

3. 本地购房群体开始理性，注重物业的品质、配套和开发商的品牌与实力。

四、威胁分析（Threats）

1. 宏观调控逐年加强，紧缩银根；

2. 竞争性楼盘增多，特别是城市豪宅的出现加剧了对中高端客户群体的争夺。

通过 SWOT 分析可以看出，本项目的优势比较突出，有很大的市场潜力，但是，如果不整合项目资源，有针对性的进行营销策略，则可能向劣势方面转移。

针对分析，制成如下 SWOT 矩阵分析。

优势和劣势　　机会和威胁	优势分析	劣势分析
机会分析	SO 策略（利用策略） 1. "红日"品牌及品质 2. 把握新城板块的升值空间 3. 产品及配套环境的创新	WO 策略（"改进"策略） 1. 营造良好的内部环境 2. 区域发展前景的宣传 3. 快速全方位产品宣传

---

[1]来源:温州三角洲房产投资顾问有限公司

续表

优势和劣势 机会和威胁	优势分析	劣势分析
威胁分析	ST 策略（"监视"策略） 1.个性推广，实现差异引导 2.强调生活方便 3.快速推盘，快速销售 4.引导客户心理，着重高尚品质的宣传 5.强调内部配套	WT 策略（"消除"策略） 1.强调产品及配套的差异化 2.强调目标购房群体的差异化（与老城区高密度社区差异化、与城市豪宅差异化）

◆参考资料五：

常规房产项目市场研究参考纲要[1]

1. 区域研究
   a.区域总体规划及公共设施研究；
   b.区域商业配套研究；
   c.区域交通现状及规划研究；
   d.区域产业发展研究；
   e.区域住宅市场总体发展趋势；
   f.区域住宅供给研究（土地出让、开发量、竣工量、销售量、空置量）；
   g.区域住宅需求研究；
   h.区域住宅消费群体研究。
2. 竞争项目研究
   a.竞争项目基本资料分析：
   ● 项目名称、位置、总体规划、规模、开盘时间、开发周期、入住时间；
   ● 开发商基本资料；
   ● 项目目前交通状况、周边交通规划情况；
   ● 项目（本身及周边）配套，物业管理。
   b.产品研究：
   ● 产品类型及类别；
   ● 户型及配比：主力户型、次主力户型、非主力户型；
   ● 产品设计及建筑特色；
   ● 项目规划及景观特色。
   c.销售/广告/促销研究：
   ● 销售策略分析；

---

[1]来源：温州三角洲房产投资顾问有限公司

- 销售速度；
- 畅销及滞销户型；
- 广告策略及投放研究；
- 促销策略研究。

d. 消费群体研究：
- 消费群体总体特征：年龄、阶层、收入水平、区域来源；
- 消费行为及消费心理：购房目的、购房时主要考虑因素、选择相关项目的原因。

3. 项目基地研究

  a. 地形状况；

  b. 地上物状况；

  c. 邻地状况；

  d. 基地四周道路、给排水状况；

  e. 附近公共设施及交通状况；

  f. 地块 SWOT 分析。

4. 潜在消费群体研究

  a. 潜在消费群体的初步界定；

  b. 消费群体特征研究；

  c. 消费群体产品需求研究；

  d. 消费群体价格承受能力研究；

  e. 项目接受度研究。

5. 项目定位

  a. 潜在消费群体的界定；

  b. 产品定位及建议；

  c. 价格定位及建议；

  d. 建筑设计及规划建议；

  e. 配套/会所/物业管理/其他建议。

【实训组织方式】

1. 由教师设定房地产市场环境分析任务，根据选题选择待分析区域或待分析地块、楼盘；

2. 各模拟营销企业根据选题分配本公司市场环境分析的任务，并组织开展调研活动；

3. 针对选题进行宏观环境和微观环境的分析，交流讨论深入探讨进行 SWOT 分析；

4. 独立完成市场营销环境分析报告的撰写。

【实训时间】

实训时间安排为课堂 4 课时，课余 2~3 天。

【实训习题】

一、单项选择

1. 以下属于影响房地产运行环境的主要社会环境因素是(　　)。
   A. 人口数量和结构　　　　　　　B. 城市或区域总体经济发展水平
   C. 资本市场发育程度　　　　　　D. 政策连续性

2. 家庭生命周期属于影响房地产市场发展的社会经济因素中的(　　)。
   A. 政治因素　　　B. 社会因素　　　C. 经济因素　　　D. 政策因素

3. 住房分配和消费政策属于影响房地产市场发展的社会经济因素中的(　　)。
   A. 政治因素　　　B. 社会因素　　　C. 经济因素　　　D. 政策因素

4. 物价水平属于影响房地产市场发展的因素中的(　　)。
   A. 政治因素　　　B. 社会因素　　　C. 经济因素　　　D. 政策因素

5. 利率和通货膨胀属于房地产市场运行的(　　)环境内容。
   A. 经济　　　　　B. 社会　　　　　C. 政策　　　　　D. 政治

二、多项选择

1. 房地产市场时刻受到社会经济体系中各方面因素的影响,同时也会对这些因素产生反作用,按照这些影响因素的性质进行分类,包括(　　)。
   A. 社会环境、政治环境　　　　　B. 金融环境、法律制度环境
   C. 人文环境、市场环境　　　　　D. 国际环境、经济环境
   E. 技术环境、资源环境

2. 以下属于影响房地产市场运行环境的主要经济环境因素是(　　)。
   A. 家庭结构及其变化　　　　　　B. 社区和城市发展形态
   C. 产业与结构布局　　　　　　　D. 基础设施状况
   E. 建筑施工技术与工艺

3. 影响房地产市场发展的社会因素包括(　　)。
   A. 社会福利　　　　　　　　　　B. 物价水平
   C. 家庭户数与规模　　　　　　　D. 经济发展状况
   E. 住房分配和消费政策

4. 影响房地产市场发展的政治环境因素包括(　　)。
   A. 现行法律和相关政策　　　　　B. 政府能力、政策连续性
   C. 政治体制、政局稳定型　　　　D. 技术水平、技术政策
   E. 政府和公众对待外资的态度

5. 影响房地产市场发展的技术环境因素包括(　　)。
   A. 技术水平、技术政策　　　　　B. 新产品开发能力
   C. 产业和结构布局　　　　　　　D. 技术发展动向
   E. 基础设施状况、利率和通货膨胀

项目三

房地产消费者市场与行为分析

实训导引

　　房地产消费者市场与行为分析是开发商了解消费者的购房行为,把握多样化市场需求的基础。只有做好充分的市场调查与研究,深入了解、分析消费者市场与行为,才能开发出市场需要的产品,针对不同行为阶段的消费者展开营销活动,在激烈的竞争中立于不败之地。通过本项目的实训,要求掌握影响房地产消费者行为的主要因素、房地产消费者市场的特征和消费者行为的模式以及房地产消费者购买决策过程。

【案例导入】

三名购房者聚室而谈买房故事[1]

1.买的是价格——爱情丰收了,找个家储存

买房人:某国企员工龙小姐

购房情况:首次置业自住

购房时间:3 月

购房楼盘:JH 湾畔

购房原因:想买房,刚好 JH 湾畔举行"7 折团购",房价很低,就抓住机会买了。

　　爱情丰收了,总要找个地方储存起来,这个地方就是家,而家的物质外壳就是房子,怪不得某些所谓业内人士"叫嚣":"未婚女性推动了房价上涨"。龙小姐是一国有企业员工,男朋友在银行工作,属于爱情丰收的未婚女青年。是否推动房价上涨暂且搁置不论,抓住机会"捡"了一套物美价廉房子倒是有据可证。房子打七折,团购了

_____

[1]来源:詹奇岳,南方都市报 www.cnfol.com,2008.7.31

30套又打了9.3折,100多平方米40多万元,首付三成,月供2 000元。品牌发展商开发的,品质有保证。

2.买的是地段——孩子出生了,没个"窝"不像样

买房人:媒体从业人员古先生

购房情况:首次置业,过渡性住房

购房时间:5月

购房楼盘:MHD三期

购房原因:一是孩子4月份出生了,需要有自己的"窝";二是现在的房价已经接近预期。

每个人都有品牌情结,古先生也不例外。他刚开始也想买品牌发展商的房子,也去看过J湖名郡、F泰城、FS名苑等楼盘,但看中的房子价格都在5 500元/m²以上,偏离他5 200元/m²的心理价位,"所谓梁园虽好,非我辈住得起之地"。另外由于古先生暂时不想把自己"绑在"一个地方,买房子只是做过渡之用,有无花园对他来说并不重要,重要的是地段和升值空间,带有一定的投资色彩,因此偏离城市中心的房子对他的吸引力不大。

3.买的是感觉——"大康"生活的感觉很重要

买房人:某企业主管黎小姐

购房情况:换房一族

购房时间:6月

购房楼盘:LJ豪苑

购房原因:现在住单体楼,想住密度低、绿化高、户型实用的小区房,房价已经理性回归。

黎小姐有一个以她为首的三口之家,过着"年轻女孩梦想的有房、有车"生活,而且事业也蒸蒸日上,可谓家庭事业双丰收。随着日子由"小康"奔"大康",黎小姐开始想换套自己的房子,于是5月看房,6月买房,遂了心愿。黎小姐认为,房子毕竟是自己住,感觉好是最重要的,她也看了周边的楼盘,价位大多为4 800~5 000元/m²,但她觉得建筑密度高了点,私密性不强,住起来不舒服,即使价格低也不会去考虑,"反正买的是一种感觉"。

思考:分析以上消费者的购房动机是什么?依托案例谈谈人们购房决策的影响因素有哪些?

【基本知识要点】

消费者是市场营销活动的主体,其购买行为影响着市场运动变化的取向和趋势。产品市场实际上就是一群有着相似需求的顾客,房地产企业欲获取满意的市场份额和产品销售额,首先必须让消费者接受其产品,而消费者的购买行为又是以其需要为基础的。

1. 房地产购买者需求分析

需求是指一定时间内,某一市场上,对于某种商品在各种可能的价格条件下产生的需求量。美国著名心理学家马斯洛的"需要层次理论",根据人们对需求的不同程度,把需要划分为生理需要、安全需要、社交需要、尊重需要和自我实现需要 5 类,依次由较低到较高层次。

房地产企业营销的过程,是从确定市场需求开始的,因为市场需求在不断变动,需求变化也纷繁复杂,市场需求的变化一般表现为需求的多样性、需求的发展性、需求的弹性、需求的诱导性 4 个方面。

2. 消费者心理活动的过程

(1)消费者的认识过程

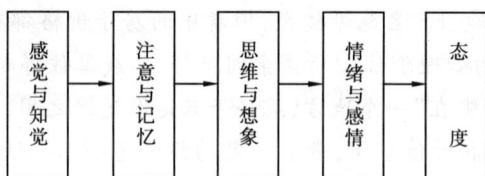

感觉与知觉 → 注意与记忆 → 思维与想象 → 情绪与感情 → 态度

图 3.1 消费者的认识过程

(2)消费者的情绪过程

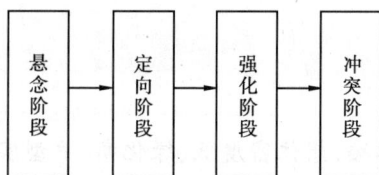

悬念阶段 → 定向阶段 → 强化阶段 → 冲突阶段

图 3.2 消费者的情绪过程

(3)消费者的意志过程

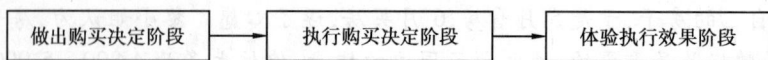

做出购买决定阶段 → 执行购买决定阶段 → 体验执行效果阶段

图 3.3 消费者的意志过程

3. 房地产消费者市场的特征

(1)房地产消费者的购买行为是最为理性的

房地产本身作为一种综合成本高、风险大的商品,无论消费者购买的最终目的是自住还是投资,都决定其在购买的整个过程中保持高度的自主,并始终由理智来支配行动。

(2)房地产消费者的购买行为易受外界因素影响,决策时间长

消费者获取房地产信息的渠道越来越广泛,有利于消费者做出明智的购买决策,也增加了消费者鉴别信息真伪的时间。

(3)房地产消费者的购买行为已经从单纯的满足居住需要上升到更高的层次

随着经济的发展,家庭收入的增加,房地产消费者在满足居住需要的同时,对产品的品质、建筑形式有了更高的要求,在布局上也更加追求人与环境的和谐。

(4)品牌效应的作用日益明显

好的品牌往往就代表着好口碑、好品质、好物业,于是就出现越来越多的消费者购房时只认品牌不认房的情形,两座相邻相似的物业由于开发商的品牌不同而导致价格相差一两千也不足为奇。

4.影响房地产消费者行为的主要因素

(1)文化因素

①审美观。产品的美学价值是促使消费者做出购买决定的影响因素之一。

②风俗习惯。直接影响消费者对房地产产品的消费需求,主要体现在地域性房产营销上。

(2)社会因素

①政策环境。国家的政治体制、政治管理、政策等影响房地产市场的格局。

②法律环境。是制约和引导房地产发展的重要外部力量,同时也是消费者获得和享受合法权益的重要保障。

③经济环境。包括利率、物价及通货膨胀等。

(3)个人因素

①职业及收入水平。消费者职业的不同,消费观与价值观也会随之而变,收入与预期收入的高低决定了人们的购房选择。

②生活方式。消费者的生活方式决定着其对房地产产品的喜好与需求。

③个性与自我概念。个性因素激发着消费者的租购欲望。

(4)心理因素

①禁忌(人们在心理上认为犯忌讳的和在言行上规定不能说与不能做的)是影响消费者消费方式和消费意识的重要因素。如世界上许多地区忌讳数字13,因此,有的公寓、办公室和旅馆里找不到13层和13号;而香港地区则对4、13、37、49等数字都比较反感。

②健康、环保等因素,是目前人们关注的重点。

③小区物业管理水平以及基础设施的建设情况。

5.房地产消费者购买决策过程与分析

(1)房地产消费者购买决策的过程

(2)房地产消费者的购买角色

①首倡者:首先提出购买某个产品或服务的人。

②影响者:其观点或建议对决策有影响的人。

③决策者:对购买决策的某个方面做出决定的人(是否买,买什么,如何买,何处买)。

④购买者:实际购买的人。

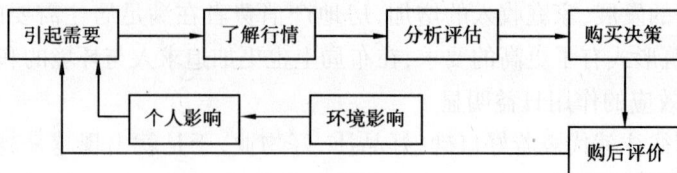

图 3.4　购买者决策过程

⑤使用者:消费或使用产品(服务)的人。

(3)房地产消费者行为分析的一般内容

①谁来买(Who)?

②为什么要买(Why)?

③在什么地点买(Where)?

④在什么时候买(When)?

⑤买什么样的(What)?

⑥如何来购买(How)?

6.各类房地产项目消费者行为分析

从实际情况看,消费者在面对购房置业及做出购房决定的过程中,针对具体的不同房地产产品,其选择方式与原则也有所不同。

(1)住宅购买行为的影响因素

①消费者自身因素:

年龄:小于27岁,27~35岁,37~55岁,大于55岁;

家庭人口结构:核心家庭,丁克家庭,单亲家庭,空巢家庭;

家庭收入(预期收入):良好,稳定,不固定;

购买动机(促因与诱因):婚房,分居,工作便利,学区选择,入城户口,改善需求,投资保值等;

②其他因素:交通是否便利,价格是否公平,房屋是否坚固,设计是否完善,房产是否增值快,环境是否良好,以及区域环境因素、房屋自身要素(房型与住宅属性)。

(2)写字楼购买行为的影响因素

①周围市政配套设施状况;

②配套设施设备的数量与质量;

③写字楼的空间尺寸与布局;

④写字楼的社会形象;

⑤物业管理服务。

(3)商业物业购买行为的影响因素

①商业物业所在的区位;

②所处的总体商业环境;

③交通便捷程度;

④建筑质量；

⑤店面的小环境；

⑥店面自身的配置。

【实训重点、难点】

房地产消费者市场调查方案的设计，项目调查问卷设计，房地产消费者调研资料的整理与分析，房地产消费者市场调研报告的撰写。

【实训项目选定】

根据消费者的心理和市场分析，选择以下实训项目之一作为房地产调研任务。

1. 针对某城市居民房地产消费心理的调查与分析。

2. 针对某房地产开发项目的目标消费者心理调查与分析。

【实训参考资料】

◆参考资料一：

外地人热买杭州房心理解读[1]

放之全国，杭州楼市也许不具有标本意义；放之全省，杭州楼市因其独特性彰显省城效应，魅力四射。杭州房地产市场成长有它非常独特的一面，研究杭州楼市，参透杭州楼市内在玄机，无论对于杭州开发商，还是全省购房者，都大有裨益。

买房投资 首选杭州

说到房产投资，全国名气最大的非温州人莫属。去年温州市中心某个楼盘开盘价达到了 18 500 元/m²，而且那么高价位的房子还不容易买到，有人求爷爷告奶奶托了好几层关系还买不到。为此，有不少温州人认为温州的房价达到了一个虚高的价位，与其这么困难争夺一套房源，还不如到杭州去买房。杭州城区房子 14 000 ~ 17 000 元/m²，性价比还是比较高的，就房子本身而言，物有所值。

温州陈先生看中了金都富春山居别墅，发出感叹：温州人也真是，放着杭州这么好的别墅不买，硬花 1 500 万元在温州抢一套小区内的别墅。在温州花那么多钱真是不值，还不如到杭州去。

在温州人看来，杭州大环境无可挑剔，消费又比温州低。例如西湖边的自助茶楼 50 元一个人就可以随意吃上一天，闲来时候还可以去梅家坞吃吃农家菜。现在杭州到上海只要坐"动字头"火车，半小时左右就能到。在杭州，购物、创业都非常方便。所有这些在温州是无法享受的。所以，陈先生相信杭州的房价肯定稳中有升，现在买

---

[1]来源：孙绪华，浙江日报，2007.6.28

来出租,即使近郊的楼盘现在租不出去,只要配套规划好,一些现在动工的项目两三年后升值空间还是相当可观的。

不能不佩服温州人买房子大胆、果决,他们中一个人一旦确定下单投资,就会带动周边亲戚朋友参与购买。温州人说,等退休了,大家一起住到杭州去,既不会疏远亲情、友情,又能享受这个城市的魅力。

从目前到杭州买房的客户来看,杭金温铁路沿线的外地人最多,还有就是台州人。

父母为孩子买房　一切为了教育

随着经济的飞速发展,父母更加注重子女的教育,因此,省内不少外地人为了让孩子上个好学校,络绎到杭州买房。杭州市中心的金都华府虽然没有解决入户问题,但是,引进了全国重点小学——天长小学,以及配套的建兰中学,因此吸引了许多温州人、义乌人。名校、西湖就在家门口,加之该小区品质卓越,很多外地人都认可这个楼盘。义乌毕女士说,孩子上幼儿园、小学、中学都不用怎么费心,家长省了不少心思。

他们当中,也有的孩子已经在杭州读大学,或许受到外在的自然环境和成长环境的影响,越来越多的年轻人表示毕业后留杭工作。因此,他们的家长认为,晚买不如早买,越早越能找到好地段的房子,付款压力也小些。孩子一毕业就可以住到自己家里,也不会担心孩子租房子在外漂泊。何况这房子将来还可以用作婚房。

子女为父母买房　为了颐养天年

有句广告语说的好,"真正的生活从退休开始"。杭州以宜居城市闻名,前来购房的异地客户中,有不少是子女陪着父母来买房的。他们表示,父母辛辛苦苦把自己拉扯大,现在有点出息了,该为父母在这个美丽的城市买套房子颐享天年。正因为有此想法,所以他们更加重视楼盘周边和小区内的自然、人文环境。像离西湖和西溪湿地较近的楼盘,都成为他们的首选。

外地人在杭州买房子,出手真大方,很多人都是一次性付款,不用按揭。这也难怪,浙江省民间资本雄厚,你看看义乌、温州那边许多人厂房就有好几层,资产雄厚啊,就知道他们在杭州买一套房子太轻松了。这也可能就是为什么有那么多的外地人能到杭州买房子的一个原因吧。

外地人到杭州买房　特认地段和品牌

从笔者接触的外地人来看,有的中意与风景区相邻的幽静地段,有的中意紧挨市中心的喧嚣地段,地段已成为外地人购房的首选。要不然,跑到杭州郊区买套房,他们认为没面子。选择中意的地段后,就考虑开发商的品牌。这些外地人从吃的、穿的、行的、用的都是从非品牌到品牌走过来的,如今,对于住宅这一高档消费品,大多数人也是只认品牌房产。在他们看来,住品牌房子,就好比住豪华酒店,对个人的身份和地位都是一种认可。不仅亲朋好友羡慕,而且住得也更放心、更安心。

所谓"物以类聚,人以群分",大部分外地客更希望能与生活习惯、社会层次、价值取向相近的人群生活在一起。很多人认为,小区内邻居环境直接影响子孙的成长,好的邻里环境,可以作为一种无形资产让后代享用。很多外地业主选择以浙江大学教授和浙江省内各媒体人员居多的金都雅苑,邻里氛围就是一个重要因素。

◆参考资料二:

别墅目标客户群分析[1]

楼盘价格是划分消费群体的最主要的标准之一,拥有一定经济实力是消费者选择购买别墅的一个先决条件。此外,消费者选择一般住宅还是选择别墅则主要取决于他是否拥有别墅消费群的共性心理以及对产品设计是否认同。

我们对这一消费群体构成的分析主要包括以下几点:

分析一:客户年龄构成与家庭人口

个人购房的客户年龄基本在 25~60 岁,以 30~50 岁为主,家庭人员结构在 3~6 人居多。

分析二:客户职业背景构成

由外资企业家、外交使馆人员、外企高层管理者等外籍人士构成的国外购买需求。在我国加入 WTO 之后,以及随着开放的深化,在国内工作的外国人增多,国外购买需求将不断扩大。

"海归派人士",即从欧美等地留学归国的创业者。随着政策的调整和投资环境的改善,大批留学人员回国创业,他们要求高质量的生活和理想的居住环境,回国人员不断增加,因而成为主要购买群体之一。

港、澳、台人士,由于港资企业的增多与香港的高楼价,港人在内地置业不断增加(如珠江三角、上海、北京等地),几百万元在香港根本买不到别墅,而在内地却能买一套不错的别墅。特别是某些神秘富豪,喜欢在内地一掷千万购买"天价别墅"。

中资企业家,高级经理人及 IT、金融、房地产界精英,精算师,他们积累了大量财富,追求生活的品位与质量、在改善居住条件时,多考虑郊区环境优美的花园别墅。

城市"中产阶级",如薪资优厚的律师、会计师、高级知识分子等,二次置业时多会选择良好人文环境的经济型别墅。

体育影视明星、优秀科研工作者、文学家等名人名家,因个人贡献、"走穴"或知识的价值而一举致富,为避免"名人效应"的诸多不便,会选择一处幽静而高雅的别墅。

投资人士(来历复杂)。别墅抗风险能力较强,增值潜力大,特别是一些出租型或旅游型别墅,更被一些外来或当地投资客看好,低买高卖或用以出租。

行业领军人物,主要是名列"福布斯"中国排行榜的富翁们。

"一夜暴富者",市场经济使致富途径多样化,并不违法的投机取巧,别出心裁的

---

[1]来源:赵健鹰,新概念别墅全过程开发操作步骤,焦点房地产论坛

另类致富,使极少数"布衣"瞬间迈进"富人俱乐部",提高生活水准理所当然要买套别墅。

另外,个别优秀企业,外资企业租套市区别墅或"空中别墅"办公的现象仍然存在。

由于社会文化背景、传统生活习惯、知识文化水平、居住水平、居住观念的差异,不同别墅买家对别墅要求相差较大。外籍人士、海归派及港澳台同胞对别墅环境和设计风格较为关注,而国内买家则更关心户型、面积、价格等。

一个别墅项目的目标客户群定位不可能一网打尽这些"金字塔塔尖"人士,项目定位决定消费者定位。经济型别墅面对的是"中产阶级"、高级白领;高档别墅则可能是企业家、职业经理人、海外人士等;极品别墅则是面向那些一掷千金的超级富豪们或"神秘人士"。

分析三:客户特征描述

他们属于社会上比较富裕的一群,有稳定的社会收入,具有较高甚至显赫的社会地位。

他们含蓄内敛,深藏不露,不事张扬,不要"露富"。

生活阅历丰富,见多识广,视野开阔,具有国际化观念,对文化认同与敬慕,钟情于纯自然背景和高品质建筑,追求"珍品化"生活。

在释放成功的同时,喜欢树立自我,标榜个性,追求独特文化品位,注重高质量休闲健康的生活方式。

分析四:客户行为习惯分析

比较喜欢诸如财经、家居、高尔夫等专业类杂志新闻。

工作比较繁忙,出差机会多,往返于市内、机场、大城市之间。

日常交际、高级应酬比较多,经常出入高档消费场所,如星级酒店、俱乐部、高尔夫球场等。

周末喜欢从事一些度假式休闲活动或参加国际化的高档文化活动,名车展、模特SHOW、高雅文艺演出是他们喜爱观看的活动。

不喜欢太被注目,一般场合不爱露面,行踪甚至有点"诡秘"。

◆参考资料三:

关注购房中的感性行为[1]

买房子还会是感性行为?不可能吧!几十万上百万一套的房子,对大多数消费者来说,那可是他们一生中购置价值最为高昂的商品。有些人为了买房要花半年甚

---

[1]来源:曾维富,焦点房地产网 http://house.focus.cn,2001.3.12

至更多时间逛遍全城所有在售楼盘,对看中的楼盘更是室内要带上尺子边量边看,室外地围着小区步行转圈看,白天看了晚上看,晴天看了雨天看,自己看了还要邀请亲戚朋友看,怎么会是感性行为冲动购买呢? 就是经典的营销理论,也说消费者在购置房子这类贵重商品时,其决策过程是极为审慎且充满理性的。但市场就是活生生的市场,它有着自己的运行轨迹,既不会顾及人们的想象,也不会在意理论的说教,因而市场现象也就经常出人意料。

在一片水稻田上盖起的上海"CS 花园","站在楼顶用竹竿就能捅到飞机肚皮",自然条件之恶劣可以想见。但是凭着一句"明天,我们将住在哪里?"和以此为主题的温情脉脉的系列广告,在楼花阶段就将以精明著称的上海消费者吸引得蜂拥而至,甚至售楼处的玻璃都被消费者挤破了好几回。现在呢? 至少某居住于此的著名作家常为要在飞机的巨大轰鸣中写作而倍感苦恼。

1997 年,邻近深圳火车站的一栋写字楼眼看要死火,只好低价转让。经过一番运作,接手公司将其改为住宅项目,而定位则是当时深圳尚属罕见的"酒店式公寓"——提供五星级酒店式服务的公寓,然后请来一个香港明星作为其"形象代表"。经过一系列包装宣传后,其楼价在短短一个多月内被从每平方米 1 万多元疯炒至最高每平方米 3.4 万元,且一售而空!

以中国短短十年房地产发展史,类似这样的例子不胜枚举。在这些消费者身上,能看到多少"理性分析"、"审慎置业"? 相当部分人都是禁不起现场热卖气氛的诱惑或楼盘宣传炒作的猛烈攻势而在"跟风"、"从众"、"感性判断"、"冲击购买"!

消费者在决定"买"与"不买"的过程中应说都是十分理性的,而在决定"是否买这一个"时则带有相当重的"感性决策"色彩。房地产营销已走过了发展商盖个房子然后打个自吹自夸广告就能销售的阶段,步入了必须从消费者心理出发、切实满足消费者需求的境地。既然买房过程中存有相当重的感性成分,自然就需要在最能激发消费者购买欲望、购买冲动的环节做足功夫,这些功夫主要包括楼盘形象包装、售楼处"卖场"包装、销售人员的现场推荐和能力培训等。

◆ 参考资料四:

鲁铁 1 号项目营销策划分析[1]

一、消费者简析

通过市场调查,我们了解到消费者具有以下特征:

(1)济南的消费群体受到传统思想影响较大,喜欢实实在在的东西,消费心理及消费行为相对保守,呈内敛方式。2000 年以后,随着广告及各种推广概念的引导,其

---

[1]来源:山东智盟时代营销策划公司网站,http://qiye.sdfdc.com

接受新事物的能力有一定的进步。

（2）购房心理处于初级向中级发展的过渡阶段，尚不成熟。一般的购房周期为2~6个月，消费者会反复比较各项因素以区别项目优劣，但购房周期目前呈现递减趋势。

（3）价格（第一因素）、位置环境、户型仍然是购房者考虑的首要因素，同时也存在一定的从众心理。广告和售楼人员的解说都会对消费者产生影响。

（4）购房行为是一种消费者介入度非常深的消费行为，消费者在购房也是在购买一种生活方式和为得到其他人对其购房行为的认可。这一现象，尤以中、高档项目的消费群体为甚。

（5）济南的消费者较为缺乏房地产方面的知识（但正呈现上升趋势），他们对自己真正需要怎样的房子并不十分清楚，对于投资、升值等理念仍然模糊。引导性消费在济南地产市场中极为重要。

（6）消费者不加选择地集团购买时代基本结束，市场进入个人购房时代。

二、案例具体分析

在对济南的市场状况有了粗略的认识以后，我们以鲁铁1号项目作为分析重点。

1. 项目SWOT简析——劣势和威胁

①因前期各种原因造成楼盘销售周期过长，影响力较弱。

②项目规模偏小，难以形成整体规模优势。

③堤口路两侧竞争对手众多（500 m区域内在售项目共9个），在价格及配套等方面均无优势。

④因是开发首个纯市场项目，开发企业形象力较弱。

2. 项目SWOT简析——优势和机会

①小区自身品质较好。

②现房即可入住。

③项目区位较好。济南新总体规划出台，新城区确定为西部，小区门前堤口路成为重要通路。

④作为铁路企业，实力强、家底厚，在铁路系统范围内信誉极高。

⑤竞争项目众多，也恰恰说明区域内的需求量大。

3. 目标消费群行为分析

①认同本案的动机：认同本案规划设计功能及附加值优于附近其他个案；与竞争个案比较后，认同本案价值；区域性客户想在此长久居住者，认为本区域具有发展远景、地段发展有升值潜力；信赖开发商的企业规模和经济实力。

②排斥本案动机：认为本案规划设计功能及附加价值差于附近其他个案；经济能力不足；区域性客户不想在此长久居住者，对本案区域的发展前景不看好。

4. 目标消费者简要描述

在长期的销售实践中，我们认为，目标消费群体的界定对一个项目的成功运作具有重大意义,目标消费群体的清晰界定对于控制销售周期、制定传播策略起着决定性作用。

①职业描述:主要是从事IT、营销、法律、广告等智力行业的高收入白领人士;国家垄断及能源行业(铁路、石油、电力、电信等)的固定职工,其中铁路职工为重中之重;私营企业主或三资企业中层人员;特殊人群。

②收入描述:主要是家庭月收入3 500元以上,家庭总储蓄25万元以上。

③年龄描述:主诉求对象的年龄应该在25~50岁,男性。

④家庭描述:家庭总人口约为3~5人。家庭结构简单,大多呈现家庭核心化趋势;为子女的成长选取一个良好的人文环境,是核心化家庭购房考虑的首要因素。

⑤置业目的:改善居住环境或为子女购房;多为一次置业。

⑥所属区域:堤口路以北、以西全部区域,以东、以南各1.5 km范围区域。

【实训组织方式】

1.由教师选定房地产消费心理调查的城市或房地产开发项目。

2.以小组的方式分工设计消费者市场调查问卷,并组织调查任务。

3.将调查表汇总,小组一起进行数据统计。

4.每位学生根据问卷结果,搜集其他有关资料,完成数据分析。

5.学生独立撰写消费者市场调查报告。

【实训时间】

实训时间安排为2课时,课余2~4天

【实训习题】

一、单项选择题

1.住房消费品的基本消费单位是(　　　　)。

　　A.个人　　　　　　　B.家庭　　　　　　　C.企业单位　　　　　D.社会团体

2.下列哪一项属于影响消费者购买行为的心理因素(　　　　)。

　　A.个性及自我概念　　　　　　　B.文化因素

　　C.知觉　　　　　　　　　　　　D.价值观

3.马斯洛需要层次理论的基本内容是(　　　　)。

　　A.生理需要,安全需要,归属和爱的需要,自尊需要,自我实现的需要

　　B.权利需要,交往需要,成就需要

　　C.保健因素,激励因素

　　D.物资需要,精神需要

4.我国现行制度下,商品住宅用地的使用权年限为(　　　　)。

　　A.50年　　　　　　　B.70年　　　　　　　C.60年　　　　　　　D.40年

5.影响住房消费最重要的因素是(　　　)。

  A.家庭收入   B.家庭结构   C.年龄结构   D.消费偏好

6.消费者在购买住宅时,特别讲求经济实用、质量安全,这是一种(　　　)的购买动机。

  A.求新   B.求质   C.求实   D.求廉

7.消费者情绪过程的首要阶段是(　　　)。

  A.冲突阶段   B.悬念阶段   C.定向阶段   D.强化阶段

二、简答题

1.参照群体会在哪些方面影响一个人的消费行为?

2.促使消费者做出购房决策的信息来源一般有哪些?

3.研究房地产消费者的潜在需要有何意义?

项目四

房地产市场细分与定位

实训导引

　　房地产市场细分与定位是房地产营销策划的一项基础技能,是非常重要的工作。只有准确的市场细分和定位,安排组织好有效的营销策划活动,才可能真正立于不败之地。通过本项目的实训,要求掌握房地产市场细分与定位的内容,熟悉房地产市场细分与定位的方法与程序,能够根据各地房地产市场行情对房地产项目进行准确的市场细分与定位,独立撰写房地产市场细分与定位报告。

【案例导入】

都市新锐的定位[1]

　　某居住区是北京 CBD 辐射区域的一个近 30 万 m^2 的大型社区,在制订开发计划、设计户型配比、制订营销计划和销售计划的时候,充分考虑了这一区域的客户细分情况。在设计产品的时候,就把握住这个社区是为哪些客户提供,充分了解这些客户的消费习惯、生活状态、职业、年龄等信息,并将这群客户定义为"都市新锐",后来这个名词在京城楼市中被众多楼盘采用。下面是在拿地时对目标客户的描述和客户细分。

　　有关专家预测,中国加入 WTO 后,已形成一定商务规模的朝阳中央商务区将是最大的受益者,每年将会有 9 万左右的外企员工涌进这片区域,同时,每年将会有十几万本土化的新白领阶层在这片区域里从事各项工作。这些高收入的外方员工和本土化的白领阶层要生活,要解决衣、食、住、行就要消费,于是将会带动相关产业的发

---

[1]来源:张雪峰,房地产营销之客户细分,搜狐房产网 http://house.sohu.com,2003.2.14

展,住宅便是其中重要的一项。

由于大部分写字楼聚集于 CBD 商圈,因此,这些外企白领将成为购买周边项目的主力军。

此外,IT 界人士也是 CBD 区域不可忽视的购买群体。京广中心市场推广部有关人士透露:2000 年 6 月中下旬该大厦写字间即已客满,主要是由于新兴网络公司的大量涌入。由于 IT 业引来许多外地高科技人才,这些人在北京没有现成住所,目前大多租房居住,以致房地产租赁市场形成了新的消费群。

"都市新锐"特征:年龄在 25~35 岁,单身居多,从事网络、软件开发、通信设备等行业,月薪 6 000 元以上,有的每月还可得到一笔可观的房屋津贴,可以承受 3 000 元左右的房租。"都市新锐"对居住要求很高,向往质量高楼盘——环境优美、设计超前、交通便利、定位年轻化,最好还有一定的"知名度"和升值潜力。

因此,东三环沿线一些现有的普通住宅和小户型的公寓将是那些年轻创业者钟情的住所或一些人的"第二居所"。而东四环、五环沿线,作为 CBD 的周边地带,凭借便利的交通、优美的绿色环境,也将吸引越来越多的 CBD 人士安家落户。

通过上面的客户细分,我们把目标客户描述为:教育程度较高,率先接受国际先进住宅概念,并注重生活品质的年轻成功人士(外企白领,IT 界人士、私企业主,年龄在 30~35 岁),功能以自用为主。他们的日常工作、交际地点主要在 CBD 外企集中地带。另外,还包括一部分投资客户(购房用于出租)。

通过专业的市场调查,我们充分了解了这群客户的购房需求,为这群客户量体裁衣,所设计的产品充分满足他们的喜好需求。因为把握了市场需求,准确地对市场进行了细分,清楚知道项目的目标客户在什么地方,所以后来项目销售得非常火爆。最初的目标客户选定与实际成交的客户群体非常的相似,可以说这是一次非常成功的客户细分案例。每一个项目都应该有自己的目标客户群体,在项目建设之初准确地进行客户细分,按照选定的目标客户群去设计产品、营销产品,将是项目成功的关键所在。

【基本知识要点】

1. 市场细分的涵义及作用

所谓市场细分是指营销者通过市场调研,依据消费者的需要、欲望、购买行为和购买习惯等方面的差异,把某一产品的市场整体划分为若干消费者群的市场分类过程。每一个消费者群就是一个细分市场,每一个细分市场都是具有类似需求倾向的消费者构成的群体。

任何一个规模巨大、资金实力雄厚的公司,都不可能满足市场上全部消费者的所有需求。由于资源、设备、技术等方面的限制,企业只能根据自身的优势条件,从事某类房地产的生产、营销活动,选择力所能及的适合自己经营的目标市场,因此有必要细分市场。

市场细分实质上是辨别和区分具有不同欲望和偏好的消费者群并加以分类的过程,其作用主要表现在以下几个方面:

(1)有利于选择目标市场和制定市场营销策略

企业可以根据自身经营思想、方针及生产技术和营销力量,确定服务对象,即目标市场。在细分的市场上,信息容易了解和反馈,一旦消费者的需求发生变化,企业可迅速改变营销策略,制定相应的对策,以适应市场需求的变化,提高企业的应变能力和竞争力。

(2)有利于发现市场机会,开拓新市场

通过市场细分,企业可以对每一个细分市场的购买潜力、满足程度、竞争情况等进行分析对比,探索出有利于本企业的市场机会,开拓新市场,以更好适应市场的需要。

(3)有利于集中人力、物力投入目标市场

通过细分市场,选择适合自己的目标市场,企业可以集中人、财、物及资源争取局部市场上的优势,然后再占领自己的目标市场。

(4)有利于提高经济效益

通过市场细分,企业可以面对自己的目标市场,生产出适销对路的产品,既能满足市场需要,又可增加企业的收入。

2.房地产市场细分的依据与原则

(1)房地产市场细分的依据

市场细分理论首先明确的是某单一的消费者群,选择的往往不仅是产品的单一特性,而且是产品特性的组合。对于发展商而言,特定的产品不是仅满足某单一的消费者,而是满足某一范围的消费者群。

作为个体,消费者的需求层次主要是由其社会和经济背景决定的,因此对消费者的细分,也即是对其社会和经济背景所牵涉的因素进行细分,见表4.1。

表4.1　消费者市场细分的一般标准

细分标准	具体因素			
地理因素	国界、人口密度	区域、交通条件	地形、城乡	气候、城市、规模
人口标准	国籍、职业、收入	种族、教育、家庭规模	民族、性别、家庭生命周期	宗教、年龄
心理标准	社会阶层	生活方式	性格	购买、动机
购买行为	追求利益、品牌商标忠诚度	使用者地位、对渠道的信赖度	购买频率、对价格、广告、服务的敏感程度	使用频率

选择对消费者需求有较大影响的因素作为细分标准,这样才能充分显示每个消费者群的需求特征。细分市场的结果,应使各个细分市场之间的需求有明显的区别

或差异,同一细分市场的内部有较高的同质性,见表4.2。

表4.2 房地产市场细分的标准

细分标准			细分市场
地理因素	城市规模		特大城市、大城市、中等城市、小城市
	区位地段		市中心、次中心、城郊、卫星城区
产品用途	居住	档次	低档、中档、高档、别墅
		房型	×房×厅×卫×阳台
		层数	多层、小高层、高层
	商用		商场、酒店、宾馆
	写字楼		甲级、乙级、丙级
	厂房		
购房动机			求名、求新、求美、求廉、求实、求便等
购房群体	经济地位		高收入、中等收入、低收入
	社会地位		农民、工薪人士、个体户、中高级管理人员
	年龄周期		青年、中年、老年
	家庭结构		单身、三口之家、大家庭等

(2)房地产市场细分的原则

①可衡量性,即被大致测定的各个细分市场的现实(或潜在)购买力和市场规模大小。

②可进入性,即房地产企业有可能进入所选定的细分市场的程度。

③可盈利性,即房地产企业所选定的细分市场的规模足以使本企业有利可图。

④可行性,即房地产企业对自己所选择的细分市场,能否制订和实施相应有效的市场营销计划。

3.房地产市场细分的方法和程序

(1)房地产市场细分的方法

房地产企业如何依据细分参数进行合理的市场细分,还要结合企业具体情况灵活运用细分方法。

①单一因素法。即选用一个因素(一个市场细分参数)来细分市场。

②综合因素法。运用两个或两个以上的因素,同时从多个角度进行市场细分。

③序列因素法。运用两个或两个以上的因素,依据一定的顺序逐次细分市场。

(2)市场细分的一般程序

美国市场学家麦卡锡提出细分市场的一整套程序,包括7个步骤。

①选定产品市场范围,即确定进入什么行业,生产什么产品。产品市场范围应以

顾客的需求、而不是产品本身特性来确定。

②列举潜在顾客的基本需求。

③了解潜在顾客的不同要求。对于列举出来的基本需求,不同顾客强调的侧重点可能会存在差异。

④抽掉潜在顾客的共同要求,而以特殊需求作为细分标准。

⑤根据潜在顾客基本需求上的差异,将其划分为不同的群体或子市场,并赋予每一子市场一定的名称。

⑥进一步分析每一细分市场需求与购买行为特点,并分析其原因,以便在此基础上决定是否进行合并,或作进一步细分。

⑦估计每一细分市场的规模,即在调查基础上,估计每一细分市场的顾客数量、购买频率、平均每次的购买数量等,并对细分市场上产品竞争状况及发展趋势作出分析。

(3)房地产市场细分的操作流程

①选择一种产品或市场范围以供研究。

②调查设计并组织调查,要解决如下问题:主要的购房者属于哪一社会群体? 这一群体的基本特征? 购房者的购房动机是什么? 购房动机是自发产生,还是外界影响? 哪些因素促使购房者最终作出购房决定? 购房者从动机产生到决定需要的时间? 购房者决策过程中做了哪些工作?

③分析、评估通过调查分析而确定的各个细分市场的规模和性质。

④对开发商自身的分析包括:开发商有哪些渠道来拓展细分市场的影响? 开发商对这些渠道的利用措施是否得力? 开发商的市场信息反馈是否灵活,有无系统的分析、监督和调节机制? 开发商经营活动的合理性? 开发商的资金、技术、人才、管理等条件是否适合所确定的细分市场? 针对细分市场,开发商有何优势有待发挥,有何劣势需要弥补?

⑤选择细分市场,设计市场营销策略。

经过房地产市场细分的 7 个步骤以后,就要考虑如何决定本公司项目的目标市场。

4.房地产目标市场选择

(1)房地产目标市场选择要考虑的因素

①市场规模与增长率,量化所在市场。

②市场竞争状态与特性,寻找有利机会。

③与企业目标与资源的相溶性,把握自身优势。

(2)选择目标市场策略

①无差异营销。采用这种策略的开发商不重视各细分市场的异质性,以单一的房地产商品提供给整个市场,把营销重点放在购房者需求的共同处,而非差异处。

②差异营销。采用这种策略的开发商,把整个房地产市场划分为若干个细分市

场,从中选择若干个以至全部细分市场作为自己的目标市场,并为每个选定的目标市场制订不同的市场营销组合,同时分别有针对性地开展营销活动。

③集中营销。采用这种策略的开发商会全力争取一个或几个次级市场的高占有率,而不去争取一个大市场中的低占有率。

5.房地产市场定位的内容

房地产开发营销,必须有科学的市场定位,而不应由经验引导定位。所谓市场定位,就是将产品置于某个特定的细分市场中,针对目标客源,设计规划出符合消费者需求的产品。

房地产市场定位的主要任务是通过集中房地产企业的若干竞争优势,将自己与其他竞争者区别开来。市场定位是一个企业明确其潜在竞争优势,选择相对竞争优势以及显示独特竞争优势的过程。房地产市场定位包括:

(1)市场定位

在已经确定的目标客户层中,具体哪一类人可以确定为你的目标客户群? 明确你的目标客户群对你的项目会有哪些要求? 哪些要求是必须满足的?

(2)功能定位

①依据市场定位进行的功能定位。消费者购买某种产品是为了能满足需要、效用和利益,因此围绕目标客户的需求,就有一个功能定位体系。

②依据竞争需要进行的功能定位。有些项目的功能设置并非完全是为了满足目标客户的共同需要,而是房地产市场的激烈竞争中不得已而为之或主动采取的一种功能定位策略。

③依据街区功能进行的功能定位。任何房地产项目的营销都不能无视其所在的街区环境,巧妙而有效地利用现有的街区功能,将使项目功能更趋完善。

(3)身份定位

①建筑规划设计方面,尽量采用目标客户群所熟悉和认同的建筑语言,在功能和布局上体现出他们的物质追求。

②管理和服务方面,应旗帜鲜明地体现出目标客户群应有的商业、文化、社会身份及地位。

③物业和社会价值方面,既要亮出物业的价格,也要亮出物业的社会价值。

④给项目巧妙命名,通过命名体现物业的个性和形象,区分客户身份。

⑤通过会所的作用,将人群重新组合。

6.房地产市场定位的原则

①与企业发展战略相一致的原则;

②经济性原则;

③适应性原则;

④可行性原则。

7.撰写房地产市场细分和定位报告应注意的事项

（1）市场定位要根据目标顾客群的需求做出细分

市场定位是通过为自己的楼盘创立鲜明的特色或个性、从而塑造出独特的市场形象来实现的。

（2）市场定位要充分结合项目的实际情况，定位要与其相吻合

不考虑项目的实际情况，不考虑企业的实力情况，而是盲目追求时尚，这样的市场定位将会不伦不类，给客户留下虚假印象，不但起不到画龙点睛的作用，还会影响楼盘的后期市场推广。

【实训重点、难点】

房地产市场细分，选择目标市场，项目定位，撰写房地产市场细分和定位报告。

【实训项目选定】

根据所在地房地产市场实际情况，选择以下实训项目之一作为房地产市场细分和定位任务。

1. 根据所在城市的市场调查，对本城市的住宅市场进行市场细分；结合本城市某具体住宅开发项目，选择目标市场，对开发项目进行市场定位。

2. 根据所在城市的市场调查，对本城市的商业店铺进行市场细分；结合本城市某具体商业开发项目，选择目标市场，对开发项目进行市场定位。

【实训参考资料】

◆参考资料一：

某房地产开发项目定位分析[1]

（一）××公司市场定位背景分析

第一，××市房地产行业背景分析

××市房地产业的发展起步于1990年前后，1998年以前一直处于总量小、增长慢的低速发展阶段，1998年以后，在国家实施宏观调控等一系列政策的推动下，××市地产的整体发展速度增长很快。总体来讲，××市房市虽有所波动，但供求基本平衡，已进入较为稳定的快速发展时期，发展态势良好。

××市住宅市场还呈现如下特征：

①区域市场格局被打破，三外企业（外埠、外企、外行）纷纷进入，市场竞争日益激烈。

②板块化竞争格局形成。××市现已形成东郊、北郊、西郊、南郊、城区五个大的

---

[1]来源：房策网 http://www.fangce.net,2007.4.22

区域市场,同时在区域市场内部又细分出许多各具特色的板块。

③住房出现郊区化的趋势,城南逐步成为"富人"聚集区。

④产品类型中,中、小户型市场需求也急剧释放,购房者已由前两年单纯地追求低单价到现在要求低总价,但中等户型、中大户型仍然保持传统的强势消费。

⑤开发规模追求人性化,配套设施更加完善,市场渐入品牌竞争和大盘时代。

⑥住宅档次和价格出现两极分化趋势,高端地产市场反应热烈,××市南郊已逐渐形成高档住宅群,联排别墅等高尚住宅发展前景良好。

⑦房地产项目同质化趋向明显,可替代楼盘及新开楼盘不断增加,吸引潜在客户的购买注意力成本增加,项目楼盘销售压力增大。

⑧二级市场将全面开放,高中低消费梯队正式形成。

第二,××公司与项目基本情况

××房地产开发公司成立于××年,注册资金××万元人民币,确立了以房地产为核心的发展战略,将住宅开发作为主导方向。拥有建筑、土木工程、财务管理等专业管理人员40人,其中具有中级以上职称25人,人员平均年龄38岁。截止到2008年底公司累计竣工面积30万 m^2,连续四年来建筑工程合格率达100%,成为××市房地产市场的领军企业。公司目前运作的项目主要有××花园、××家园、××别墅等。开发项目良好的发展前景和丰富的土地储备为公司的长期可持续发展提供了保证。

××项目为公司的大型不动产投资项目。项目地块所在区域空气清新、环境优美,项目地块面积较大,位置相对较为偏离市区,周边配套不完善。公司于2008年8月取得本项目用地,拟作民用住宅开发,共征地813.338亩。北边是旅游度假区,南边是自然保护区,东边为广阔的农田,西边紧邻大学城。

(二)××项目市场定位分析

第一,顾客定位。由于××项目自然、人文、市场环境优势明显,适宜面对中高端人群开发附加值更高的产品,且××市高端地产呈走热趋势,××项目与旅游生态的区域发展目标定位相符合,区域内高端住宅板块形成。所以项目目标消费群体定为讲究文化与生活品位的中高收入人群,即"白领、社会精英、知识英才和顶级贵族"阶层。其群体消费特征是:

①人群特点。25～50岁,大多为男性,高文化、中高收入、高社会地位,注重生活品质与个人隐私,有家庭子女、社交广泛且有特定交际圈,属于典型都市成功人士。

②购买动机。希望脱离普通生活与公务打扰,渴望高品质的生活质量,注重安全感与个人隐私,注重家庭幸福,注重自然环境与物业服务,部分为投资型心理,熟悉项目地风土人情,对××旅游度假区板块未来发展有良性期待。

③职业。官员、律师、私营企业老板、外企金领或国有企业领导、外来投资人士等。

第二,产品定位。××项目消费群体存在大面积置业需求、崇尚高消费住宅类型、对价格不敏感,讲究生活品质与格调,具有开发高尚住宅先天的自然、人文和市场环境的区位优势,南郊"富人区"聚集效应大,板块内楼盘绝大多数是联排别墅、独立别墅和花园洋房,有少量的低密度小高层。所以××项目的产品定位为开发满足中高端客户需求的低密度、低容积率的高尚景观型住宅园区。

第三,品牌定位。××项目区位文化优势明显,而建筑与文化的结合,是房地产发展的必然结果。在竞争对手分析中不难看出,板块各楼盘顾客定位均为中高收入人士、名称特色、建筑风格等也共享历史文化内涵,很难做到差异化卖点。故在产品类型方面,××项目可作为××市"首家TOWNHOUSE",提升地产行业的层次与发展水平。企业营销必须配合这一产品差异点进行大力传播,以使这一特征深入人心,使消费者产生"TOWNHOUSE=××项目"的品牌联想。

◆参考资料二:

碧桂园的泛市场定位[1]

对于广州地产界来说,碧桂园是一个十分熟悉的名字。早在20世纪90年代初,顺德民营企业家杨国强就看准那时候先富一代对高档住宅区的要求,毅然投身地产界,投资兴建了历史上的第一个碧桂园——顺德碧桂园。改善先富者们住宅状况,帮助他们"显富"。这种定位毫无疑问在当时获得了巨大的成功。

在顺德碧桂园里捞足了第一桶金的杨国强进而挥师广州,以同样的思路建造了广州碧桂园和华南碧桂园。然而,广州地产界里强手云集,固守成规的碧桂园首先在华南碧桂园项目上遇到了问题。

"那时,我们的销售一直止步不前,形势逼迫我们必须立即思考对策。"回忆起当时的情景,龙尔刚还不禁心有余悸,那时的他被紧急召回,处理迫在眉睫的危机。"我们决定放弃仅仅服务先富阶层的狭隘概念,而引入阶段性定位这一更加具有包容性的观念。"

阶段性定位的实质就是否认阶层的不可跨越性,认为无论先富还是新富,人们目前的状态都是阶段性的,在"成长发展型"中都具有向上生长的力量。正因为各个"阶层"只是代表人发展中的不同阶段性状态,诉求的核心可以理解为一种基于"泛化"的平等化,而这种平等化也为碧桂园向平民化转型奠定了基础。

"真正的实验是在去年的10月,当时我们在广州地产界还不能入围;采用阶段性定位后,我们在诉求、宣传、产品价格组合上进行了一系列调整,马上就取得突破性进展,最终华南碧桂园进入了广州明星楼盘销售的第5名。"龙尔刚沉浸在往日的回忆里。

[1]来源:21世纪经济报道 http://www.21cbh.com/,2002.6.21

"因而,今天的碧桂园凤凰城的营销定位可以说是华南碧桂园调整思路后的延续,"龙尔刚对记者坦言,"只是在具体产品组合上,凤凰城特别以这种阶段化的定位为指导,为用户群实现了量身定制。"凤凰城的目标客户群集中于"先富"、"新富"与"薪富"等几个重要的"成长与发展阶段"。

首次出现在广州居住物业目标市场界定中的"薪富"是指那些非创业型的富有者,他们拥有稳定的工作环境与事业基础,有较好的经济收益和较高的文化背景。正是他们,第一次实现了"白领也能住别墅"的梦想。

"泛"的技巧

"其实,市场定位泛化不是碧桂园的发明,定位泛化、模糊化应用最早的领域是快速消费品行业。"龙尔刚进一步向记者说明。那个全国闻名的老子抢儿子的用、老婆抢老公的用的"大宝"护肤品广告,就是市场定位泛化的另一个典型案例。"但在地产界我们应该是最早使用这一策略的。"龙尔刚补充道。"定位泛化"往往是伴随高端产品平民化和市场发育进一步完善、企业利润获得由"撇脂"转向"渗透"的一个过程。但"泛化"也不能一概而论,由于定位的泛化,因而在诉求上表现目标消费群的价值(性价比)所在就显得格外重要。

"给您一个五星级的家","为每个成功的广州人建造满意的房子"成为打动每个消费者最有力的话语。

"在凤凰城不分阶层,不分尊卑,只要寻求理想的生活,理想的家居,消费者就能找到合适的房子。"龙尔刚说。

"合适"的背后,隐含着碧桂园对自身推出楼盘价格优势的自信,另一个碧桂园有名的广告语是"猜猜这些房子多少钱",旁边配以园区内精美洋房、别墅的大幅照片。不可避免的,由于"定位泛化"和"渗透"的过程,广州地产商们将面临又一次的价格挑战和行业洗牌。

◆参考资料三:

"红日香舍里"项目的目标市场选择[1]

一、项目开发定位

"红日香舍里"立足于优越的区位条件、品质打造和社区环境规划,经过对竞争市场的差异化定位分析,将自身定位为:红日香舍里——现代国际人文社区。

1. 案名定位:红日香舍里

红日:延续并提升了三元房开的经典系列项目"红日花园"的品牌内涵;

香舍里:从英文"Share"演绎而来,意为项目社区是多层次的、开放的、共享的,从

---

[1]来源:温州三角洲房产投资顾问有限公司

而也是和谐的;从中文表意看,"香"也蕴涵着社区生态环境的清新芬芳,"舍"有"居所"的本义,集居而成"里",古代的"里"相当于现代的社区、街区,本项目正是以居住为主,兼具部分商业、生活和休闲配套的较具规模的社区;

"红日香舍里"的英文表述:Share sunny life。英文的字面涵义更能形象、准确地描述项目的综合品质——阳光的、生活的、共享的和谐统一。

2.开发形象定位:现代国际人文社区

从区位上看,项目位于新城行政中心区板块,又与规划建设中的杨府山 CBD 毗邻,该二板块在功能组合上更是一个整体,是未来温州的城市核心,也是温州城市现代化建设的重中之重。

从前景上看,温州城市在打造"国际性轻工城",作为一个跨越式发展的二线城市,在未来的温州城市建设中,新城中心区和杨府山 CBD 更是与国际接轨的重要载体,而这又必然需要、也必然造就一批具有国际视野的现代温州市民和温州建设者与之相辅相成,本项目的目标购房群体正是他们中的一部分,本项目正是为他们而建设。

从社区上看,高素质的目标住户、优越的生态绿化景观、高尚的城市精英专属休闲配套、人性化的综合生活配套,加上新城板块及杨府山 CBD 不断完善的配套建设可以成为"红日香舍里"的"泛配套",这一切都给该项目加大了"人文"的含金量。

二、目标购房群体选择

1.目标购房群体

(1)老城区改善型需求:老城区高尚住宅供应有限,而且入住后的日常生活和工作受到生态环境、交通拥堵等诸多"城市病"的制约,一部分改善型需求的客户无法在老城区置业,还有一部分则为了提高日常运行效率而逃离老城区,转而选择新城等新兴发展区域。

(2)瓯海龙湾改善性需求:新城位于鹿城、瓯海和龙湾三区的结合地带,但瓯海、龙湾两区的商品房品质与主城区尚有较大差距,两区的不少富裕人士为了公务、商务、生活及子女教育等便利,也存在着在新城板块投资置业的潜在需求。

(3)公务员阶层客户:未来行政中心的定位使得新城将成为温州新兴的"事业场"和"生意场",不少公务员阶层将要搬迁到这里来工作和生活,新城板块各住宅社区是理想选择。

(4)各界商务精英:新城周边的各个经济开发区、经济强镇都蕴藏了大量的财富精英和富裕阶层,为了尽快融入大都市,不少人都有在都市区置业的需求。

(5)各郊县入城成功人士:未来温州都市区环大罗山发展,新城板块将是城市中心,温州各郊县都潜存着一批在郊县和中心城区双重置业的成功人士购房群体,或者是将自己(或子女)的事业主场转移到都市主城区,或者是都市的生意场能带动郊县本土的生意场,随着温州市县一小时交通圈的完善,这类需求日益旺盛。

2.目标购房群体特征描述

（1）当代温州的社会中坚、财富精英们是现代科技文明中成长的新一代，本质上就是"城市动物"。

（2）如果离开城市的繁华，他们不仅不能工作，更不能生活。他们熟稔城市的含义和价值，选择居住模式时既要考虑品质和品位，更要能够匹配事业如日中天、生意堆积如山的工作节奏。

（3）他们与城市经济共兴衰，难以在悠闲中疏远他们正在纵横驰骋的商业社会，也不可能抛却繁华与成熟的都市生活而寻求偏远的尊贵生活，更不可能让工作效率每天无谓地消耗在日常的交通拥堵的往返路途中。

（4）在生活的主场，他们无法想象没有酒店服务、夜生活酒吧、俱乐部和名品店应该如何生活；而生意（事业）的主场，他们又永远脱离不了城市轴心，生意（事业）空间永远都周旋在工业区、写字楼、银行、政府机构、酒店、商业社交场所……

3. 目标购房群体需求描述

（1）在户型面积、功能设计、建材品质、物业管理等方面均无可挑剔的中高档居住社区；

（2）小区规模适当，满足自身的生态景观、商业配套、会所、停车等需要，自身配套基本能自成体系；

（3）毗邻城市主要交通动脉，私家车出行快捷、便利，能够兼顾生活和工作，并便于在合适的时间、合适的空间范围内享用各项城市配套；

（4）周边有良好的自然生态资源，闹中取静，景观指数好，居住质量高，便于休闲、娱乐、健身；

（5）社区品位纯粹，业主身份地位大都处于相应档次，人以群分，日常交往容易融洽；

（6）周边其他住宅区、功能配套区在总体形象、档次上基本协调，没有混杂现象，整体板块口碑好。

【实训组织方式】

1. 在当地招标网上选择若干块待出让或已经出让土地，或联系当地营销企业提供完成或进行中的策划项目，请学生分组搜集有关资料对该地块进行分析。

2. 小组讨论确定该地块做为房地产项目开发，进行相应的市场细分，并确定本组的目标市场。

3. 小组成员分别思考确定该项目的市场定位。

4. 小组成员独立完成该项目的市场分析与项目定位报告。

5. 制作 PowerPoint 课件在全班演示并解说。

【实训时间】

实训时间安排为课堂 4 课时，课余 5~7 天。

【实训习题】

单项选择题

1. 房地产市场细分是依据消费者需求的(　　　),将消费者整体市场划分为若干不同的消费者群体。

　　A. 一致性　　　　　　B. 特殊性　　　　　　C. 差异性　　　　　　D. 总体性

2. 下列说法有误的一项是(　　　)。

　　A. 地理细分是按照消费者所在的地理位置、地形、气候等因素来细分市场

　　B. 人口细分是按照人口的一系列性质因素所造成的需求上的差异来细分市场

　　C. 行为细分是按照消费者购买或使用某种产品的时机、追求的利益、使用者情况,使用程度等行为变量来细分房地产市场

　　D. 心理细分是按照消费者的追求进行市场细分

3. 不属于房地产细分应遵循的原则是(　　　)。

　　A. 可测量性和可进入性　　　　　　B. 可测量性和可盈利性

　　C. 可行性和定量性　　　　　　　　D. 可行性和可进入性

4. 选出你认为错误的一项(　　　)。

　　A. 可行性是指房地产企业选择的细分市场,能否制订和实施相应有效的市场营销计划,包括产品、价格、渠道以及促销等计划

　　B. 可盈利性是指市场规模足以使企业有利可图

　　C. 可测量性是指整个市场的现实或潜在购买力和市场规模大小可以识别、可以衡量

　　D. 可进入性是指房地产企业可能进入所选定的细分市场的程度

5. 房地产细分依据不正确的一项是(　　　)。

　　A. 地理细分和人口细分　　　　　　B. 家庭类型细分和血缘细分

　　C. 心理细分　　　　　　　　　　　D. 行为细分

6. 下列关于房地产市场细分的依据说法有误的一项为(　　　)。

　　A. 地理细分是按照消费者所在的地理位置、地形、气候等因素来细分市场的

　　B. 进行房地产地理细分可以考虑将房地产购买者划分为本区域购买者和非本区域购买者

　　C. 在人口细分中通常考虑的因素有:年龄、性别、职业、收入水平、教育程度、宗教信仰、家庭规模等

　　D. 家庭规模主要指家庭人口数量多少以及家庭关系如何

7. 心理细分是按照消费者的生活方式和(　　　)进行市场细分。

　　A. 要求　　　　　　B. 欲望　　　　　　C. 个性　　　　　　D. 业余爱好

8. 下列不属于房地产市场定位的原则是(　　　)。

　　A. 与企业发展战略相一致的原则　　　B. 前瞻性原则

C. 适应性原则   D. 可行性原则

9. 通过建造公寓的会所,并对业主发放会所 VIP 卡属于以下哪种定位?(　　　)

    A. 形象定位   B. 身份定位   C. 功能定位   D. 竞争定位

10. 某开发商只开发高档别墅项目,是属于目标营销策略中的(　　　)。

    A. 无差异营销   B. 差异营销   C. 集中营销   D. 定位营销

项目五
房地产产品策划

实训导引

　　只有策划设计出优秀的产品,为后续产品营销策划打下良好的基础,才能既快又好地将产品卖出去(营销策划)。因此可以说一个项目成功与否相当程度上取决于产品设计策划。通过本项目实训,要求掌握房地产产品的含义、房地产产品策划的要点内容,熟悉住宅项目产品策划、写字楼项目产品策划的流程,了解商铺、厂房及其他房地产项目策划的思路,能够撰写房地产产品策划报告。

【案例导入】

万科集团[1]

　　万科企业股份有限公司成立于 1984 年 5 月,是目前中国最大的专业住宅开发企业。2007 年公司完成新开工面积 776.7 万 m²,竣工面积 445.3 万 m²,实现销售金额 523.6 亿元,结算收入 351.8 亿元,净利润 48.4 亿元,纳税 53.2 亿元。

　　以理念奠基,视道德伦理重于商业利益,是万科的最大特色。万科认为,坚守价值底线、拒绝利益诱惑,坚持以专业能力从市场获取公平回报,是万科获得成功的基石。公司致力于通过规范、透明的企业文化和稳健、专注的发展模式,成为最受客户、投资者、员工欢迎,最受社会尊重的企业。凭借公司治理和道德准则上的表现,公司连续五年入选"中国最受尊敬企业",连续四年获得"中国最佳企业公民"称号。

　　万科 1988 年进入住宅行业,1993 年将大众住宅开发确定为公司核心业务。至 2007 年末,万科全国市场占有率为 2.1%,业务覆盖到以珠三角、长三角、环渤海三大

---

　　[1]来源:万科房产网站 http://www.vanke.com

城市经济圈为重点的 29 个城市。当年共销售住宅 4.8 万套,销售套数位居世界前茅,跻身全球最大住宅企业行列。

经过多年努力,万科逐渐确立了在住宅行业的竞争优势:"万科"成为行业第一个全国驰名商标,旗下"四季花城"、"城市花园"、"金色家园"等品牌得到各地消费者的接受和喜爱;公司研发的"情景花园洋房"是中国住宅行业第一个专利产品和第一项发明专利;公司物业服务通过全国首批 ISO 9002 质量体系认证;公司创立的"万客会"是住宅行业的第一个客户关系组织。2007 年,万科工厂化技术的研发和应用取得重要进展,位于东莞的住宅产业化基地正式投入运作,并被建设部授牌为"国家住宅产业化基地",上海新里程项目 20 号、21 号两栋工厂化住宅楼已向市场推出。同年,万科新开工住房中装修房的比例达到 53.4%,这是公司倡导节能环保、践行社会责任的重要体现。

思考:万科的主要业务范围有什么特点?体现了房地产企业的哪种产品策略?

【基本知识要点】

1.产品的概念

产品是指能满足消费者某种需求的有形物质与无形服务,包括核心产品、有形产品和附加产品 3 种。其中:核心产品(核心属性)是指购买的是产品所带来的真正满足、效用和利益;有形产品(形体属性)是指有特殊规格和特定模式的物理实体或服务过程;附加产品(延伸属性)是指购买有形产品时所获得的各种服务和利益。

2.房地产产品的内涵

房地产产品实际上是指包括房地产建筑物在内相关部分的组合体,从有形与无形的角度看,房地产产品包括可视与可感受两部分。可视部分主要包括建筑本身与建筑物所处的环境;可感受部分主要包括建筑物能为使用者带来的各项功能,能够满足人们的生产或生活需求。

(1)房地产产品可视部分

①建筑物本身:包括建筑物外立面、景观小品、入口大门、会所、房型、围墙和建筑细部(窗、柱、梁、花纹图案)等。

②建筑物所处环境:配套设施(医疗、教育、商务办公、安全保障等)、位置环境(所处地段位置、所处城市区位等)、经济环境(周边商业设施、娱乐设施等)、自然环境(地质、地形、绿化、植被等)、文化环境(学校、历史文化遗迹等)。

(2)房地产产品可感受部分

居住功能、办公功能、商业功能、生产功能、审美功能、社交功能、娱乐活动功能、入住人群等。

3.房地产产品策划的概念

在房地产项目产品定位结束后,根据产品定位确定产品的设计理念,提供科学的产品设计建议,对房地产产品的各部分内容尤其是从景观、户型、建筑风格、配套设施等方面进行分析研究,设计出符合目标客户需求、具有较强竞争力的房地产产品的过程称为房地产产品策划。

4.房地产产品策划的流程

总体而言,房地产产品策划流程是一个对产品各部分内容的生产方案进行一个由宏观到微观、由产品设计概念到产品每一细节进行确定性规划设计的过程。大致可分为两部分:首先是进行房地产产品规划概念设计,其次是在此基础上对产品相关部分(包括可视部分和可感受部分)细节等进行具体详细设计策划。

5.房地产产品策划概念设计工作内容

(1)策划概念设计

表5.1　产品概念设计内容

策划基本依据	策划主要内容
根据地块、地形、地貌等	确定建筑物通路、景观的大致布局
根据项目发展需要	确定道路的大致功能布局
根据项目发展需要	初步确定项目停车方式、停车位比例、停车场的主入口位置
根据项目周边环境、结合项目地块、地形等	初步确定商业、公建、居住区等的位置
结合目标客户群	初步确定公建的具体分布及服务半径等

(2)策划时空环境分析体系

①主、次入口的位置;

②道路系统设置;

③物业类型的布局;

④中心景观区;

⑤组团绿化;

⑥水系、水景;

⑦停车系统设置;

⑧其他。

6.房地产产品策划设计

(1)进行分解产品策划设计研究

①第一步:确定项目单体设计要求,提出对项目建筑风格、外立面处理、色调搭配组合等方面的设计意见。

②第二步:制定项目户型的面积配比和空间设计要求。

③第三步:进行项目公建配套设施的功能分布设计。

（2）提供产品策划设计方案建议

产品方案策划设计包括产品各部分内容的方案设计,需要根据房地产项目类型进行不同的具体产品方案设计。通常包括土地开发平面规划、交通道路规划、户型设计、建筑设计、园林景观规划设计、智能化系统等部分的内容设计。其中尤其以户型设计、建筑设计、园林景观规划设计最为关键。

表 5.2　产品方案策划设计内容

设计要素	具体策划设计内容
土地开发总平面规划	可建面积、组团划分、物业布局、开发程序等
交通道路规划	包括项目内交通道路规划和项目连接外部道路规划
户型策划设计	户型比例配置;户型面积比例;户型设计特色
建筑策划设计	外立面设计;整体风格设计;组团规划设计
园林景观规划	绿化面积确定;景观主题提炼;景观特色创意
智能化系统	成本控制安排;差异化卖点设计

7. 房地产产品组合的含义

房地产产品组合是指一个房地产项目开发建设的全部产品线、产品项目的组合方式,它包括四个要素:宽度、长度、深度和一致性。

8. 房地产产品组合要素的基本含义

（1）房地产产品组合宽度

房地产产品组合宽度是指房地产项目开发经营的户型大类(一居室、二居室、跃层等),各户型大类相当于一般意义上的产品线,户型的种类越多,产品组合就越宽。

（2）房地产产品组合长度

房地产产品组合长度是指房地产项目全部户型大类中具体户型的总和。户型大类多,各户型大类下的各户型种类多(如二居又可以分为大二居、中二居和小二居),产品组合长度就长。

（3）房地产产品组合深度

房地产产品组合深度是指户型大类中每一套户型的面积、格局、层数的多少。

（4）房地产产品组合的一致性

房地产产品组合的一致性是指各种户型最终用途、开发条件、销售渠道或者其他方面相互关联的程度(比如经济适用房、普通住宅、高级公寓、商铺、写字楼、酒店等)。

9. 房地产产品组合策略

（1）产品系列延伸策略

产品系列延伸策略是指部分或全部地改变原有产品系列的市场地位。产品系列延伸策略往往有3种形态:

①向下延伸,将原定位于高档市场的产品系列向中、低档市场延伸,在高档产品系列中搭配低档产品项目。

②向上延伸,将原先定位于低档市场的企业,在低档产品系列中增加高档产品项目,使企业进入高档产品市场。

③向上向下双向延伸,将原先定位于中档产品市场的企业,向产品系列的上下两个方向延伸以扩大市场。

（2）扩大产品组合策略

扩大产品组合策略就是加深产品系列的浓度,扩大产品系列的广度,而且不受产品系列关联性的影响。

（3）缩短产品组合策略

缩短产品组合策略就是从产品组合中剔除获利少的产品系列或产品项目,集中经营获利多的产品系列和产品项目。

（4）产品系列现代化策略

产品系列现代化策略就是把当代高新科学技术成果运用到房地产产品的生产之中,也可以体现在某个局部或细部的超前与引导。

（5）产品系列号召策略

产品系列号召策略是指房地产营销过程中选择最有典型意义的一个或者少数几个产品推向市场进行号召,即打出"拳头产品",以开拓市场,吸引消费者,并带动其他产品的销售。

10. 房地产产品的生命周期

（1）一般产品的生命周期

一般产品的生命周期是指一种产品在市场上的销售情况以及获利能力随着时间推移而变化的过程(非产品的使用寿命)。一般产品的生命周期为 4 个阶段:投入期、成长期、成熟期和衰退期,如图 5.1 所示。

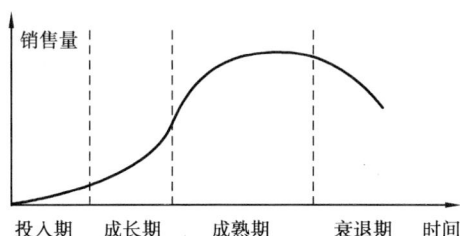

图 5.1　一般产品的生命周期

（2）房地产产品生命周期策略

房地产产品不同于一般产品,其特殊性决定了房地产产品生命周期的特性。房地产产品生命周期模式如图 5.2 所示分为四个阶段,相应地,房地产市场营销也应采取四种不同的产品策略。

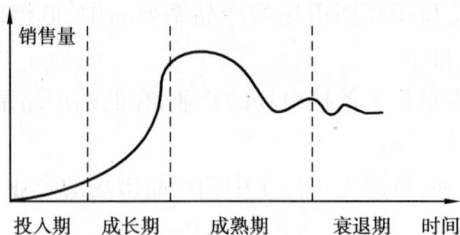

图 5.2　房地产产品生命周期模式

①投入期,房地产开发商的任务就是迅速提高该房地产产品的知晓程度,推动销售量进入成长阶段。策略上价格要适当低一些,推销手段上可采取广告、新闻发布会等来扩大影响,同时应加强对市场的调查和预测。

②成长期,房地产开发商可提高销售价格,并开辟新市场,增强市场渗透力,加强销售前、中、后的服务。

③成熟期,应保持适当薄利的价格,并根据用户的需要对房屋作某些改良,并为开发建设新型的房地产产品作准备。

④衰退期,销售价格应灵活机动,该降则降,销售方式应采用多种竞争手段,并加强售后服务。

【实训重点、难点】

户型设计,建筑设计,园林景观规划设计,房地产产品规划概念设计,房地产产品组合设计策划,房地产产品线设计策划,房地产产品策划报告撰写。

【实训项目选定】

根据所在地房地产市场实际情况,选择以下实训项目之一布置房地产调研任务。

1.选择本地较有代表性的住宅房地产项目或写字楼房地产项目,收集该项目土地开发平面规划、交通道路规划、户型设计、建筑设计、园林景观规划设计、智能化系统等的相关资料进行分析,可以根据课时安排的多少,选择其中一项设计或全部设计作为分析对象,找出该项目相关设计的 10 个或更多的缺点、优点,在此基础上撰写相关产品设计策划报告。

2.分析商业地产项目产品设计的要点,然后在确定商业地产项目产品设计要点基础上,按照前面题目类似要求撰写商业地产项目策划报告。

3.分析厂房地产项目产品设计的要点,然后在确定厂房地产项目产品设计要点基础上按照前面题目类似要求撰写厂房地产项目策划报告。

4.选择本地较有代表性的房地产项目,收集该项目相关资料,进行房地产产品线和产品组合分析,并指出其优缺点。

【实训参考资料】

◆参考资料一：

碧桂园在珠三角等地的复制[1]

　　碧桂园的规划和开发能力是毋庸置疑的,碧桂园模式特点之一是有成熟的产品模式,可以在三个月内完成一个项目的开发运作,其成本控制除了土地外,形成了完整的产业链。碧桂园在广东扮演了各个环节的几乎所有角色,设计、建筑、装修甚至建材生产全部一条龙服务。

　　从成本控制出发(这点非常关键),确保其开发周期和开发质量。碧桂园在广东的 20 多个项目,基本是一样的产品,但是销售情况都不错,且销售价格往往会高于同地区的其他项目。至于开发风险,以一个 3 000 亩的项目为例,碧桂园的二、三线城市项目以别墅型楼盘为主,容积较小、少量发售,在中小型城市属于小众消费,吸引当地的顶级人群,因此销售理想。

　　碧桂园的产品没有改变,但是因为区域消费的差异,所以同样品质的楼盘到了高明,就成为高端产品,属于高收入人群才能消费的;而在广州,比如华南碧桂园,普通的白领市民也可以购买。

　　碧桂园的品牌效应也是碧桂园在二、三线城市所向披靡的原因之一。作为一家香港上市公司,其口碑和号召力在地方政府和市民心中无形为碧桂园增加筹码,取得先声夺人的优势,为碧桂园省去不少广告费用。甚至有某地方官员非常明确地表示,希望引进像碧桂园这样的企业入驻,拉动当地的消费和形象。

　　碧桂园在开发二线城市项目的时候,一般还会投资兴建五星级酒店。碧桂园认为,高档酒店有助于提升城市形象,在二、三线城市投资高档酒店符合当地政府招商引资的目标,因此,在土地竞争中将具备更高的议价筹码。而这点和落后地区的政府发展思路不谋而合,共同的利益出发点使得双方关系融洽。

◆参考资料二：

创新小户型社区全面提升园林景观与建筑品质[2]
——广汇景园宣传软文

　　近日,温州市场有不少 90 m² 小户型住宅项目推出或即将推向市场,这些项目设

---

[1]来源:房策网 http://www.fangce.net,2007.12.18
[2]来源:温州三角洲房产投资顾问有限公司

计中的面积实用性、空间灵动性、景观创新性及置业轻松性引起了市民的广泛关注。随着中梁棕榈湾的火热开盘,更是刮起了一股"创新小户型旋风",许多实用型的消费者希望能更详细地了解小户型住宅产品的空间布局及综合品质。为此,笔者走访了相关专业人士,探悉90 m² 三房时代怎样给消费者带来实惠和居住的新体验。

三角洲房产副总经理颜志军表示:90/70 政策的出台,给许多崇尚精致、实用家居空间的消费者带来了希望,彻底改变了温州房产市场小户型消费需求只能锁定在上陡门、水心、下吕铺、桥儿头等几个区域的困惑。这几个住宅区域的房源存在房龄长、房型欠合理、景观绿化缺乏、车位紧张等状况;但随着温州房产开发的日益成熟,一些低密度、高品质、多绿化的规模型社区涌现市场,如棕榈湾、广汇景园等创新型小户型社区。此类产品恰是以其"低总价、低首付、90 m² 实用三房、花园社区"的形象得到市场的认可甚至追捧。

在空间利用和装修拓展上,棕榈湾、广汇景园等小户型住宅都具备较大的可利用空间,其中,已经开盘的棕榈湾家园户型空间的拓展性和实用性已经得到市场的充分认可,受到了市场的火热追捧。近期即将开盘的广汇景园项目,其品质、园林景观及户型利用更是受到消费者的普遍关注,户型设计深谙"90 m² 灵动三房"装修后空间利用、拓展之精髓,是目前创新型小户型社区的标杆型产品。

在户型规划设计上,据广汇室内装修顾问上海贝克负责人介绍:该项目从设计之初就注重面积的实用性和空间的拓展性,通过错阳台、大飘窗、挑弧板、凹阳台等灵动设计,在后期装修可大大拓展居住面积,90 m² 户型可轻松做到100 m² 住宅的3 房居住空间,其实用价值和实惠性远在 90 m² 以上。

举例来说,该项目的创新经典三房,建筑面积89.53 m²,做到了三室两厅两卫和3 室朝南。户型拓展后,可为住户增加实际可利用面积约 16 m²。它是通过后续装修合理利用5 个飘窗和2 个景观阳台的空间而达到的空间拓展效果,为住户带来实实在在的居家使用空间和居住舒适感。此外,130 m² 的亲景四房则做到了四室两厅两卫,拓展后实际可利用面积增加约 16.5 m²,整个户型格局明晰,瞰景错阳台疏朗开阔,客厅与观景阳台一气呵成,展现生活品位。而79 m² 的房子做到两室两厅一卫,附送可拓展的超大景观阳台和灵动飘窗,空间实用总价实惠。87 m² 的精致三房做到三室两厅一卫,客厅错阳台、落地大飘窗及卧室飘窗大大地拓展了室内空间。

高品质的园林景观,以往一直是高档大户型楼盘的专利,然而,创新型小户型社区已经将园林景观作为社区品质的重要考量点,如棕榈湾的"欧陆风格园林"和广汇景园的"慢生活健康主题园林",都是具备高档楼盘园林品质的情景主题社区。笔者近日采访了广汇房产负责人,据其介绍:"一个成熟高尚的社区,离不开产品的品质提升及景观园林的精细雕琢。"

广汇景园的园林景观错落有致,以人性化的设计方式营造出近 10 000 m² 的园林绿化景观,采用多植被绿化,精心将小区打造成一个具有无限畅想的优雅居住区,给住户带来贴近自然的生活享受。其主题性景观更是让了解它的人流连忘返。入口景迎宾景观是广汇景园的社区形象,考究其标志性和导向性,以欧式廊柱、雕塑、喷水池等恢弘优雅的造景恭迎每一位业主体验精致尊贵品质生活。中央水景处,明丽的假山叠水,欲诉这里的灵性与优雅。或流连绿荫,或闲坐凉亭,沉淀自然的静美,抖落身心的尘嚣,活泼、浪漫的心性重新写意丰盛的生命。此外,私密内庭小路,巧意着装,蜿蜒小路点缀四时花树,曲径通幽。在这里演绎的是"与自然共呼吸"和"在家旅游"的高尚住宅理念。

园林的幽雅赋予社区无上的尊容与气质,然而,项目所在的区域交通上的价值更是令有远见的消费者看好。毗邻三垟湿地,12 km² 湿地公园、160 个环水绿岛,使得优雅社区更显生态与人居价值魅力。在地利上,瓯海大道畅达三区、中兴大道连通沿江路,贯穿 CBD 滨江商务区、湿地公园与大学城,三大板块 10 分钟畅达,城市未来人文、景观、商务三大核心价值一线统揽。此外,在配套上比邻世界 500 强企业的家乐福、易初莲花、百安居,周边中学、小学、幼儿园正处于规划建设中,随着湿地板块休闲、游乐设施建设的日渐成型,未来版块价值将随配套的完善而日益凸显。

"便捷的交通、灵动实用的户型、园林景观与生态环境的相互交融",90 m² 新三房时代,创新小户型社区对居住空间的拓展、利用及园林景观的变革改变了我们传统的居家置业观念,灵动三房与社区景观成为环境及品质以外衡量小户型性价比的又一标准。

◆参考资料三:

"红日香舍里"项目产品策略[1]

(1)项目总体规划设计思路

作为一个二线城市,温州市的老城区空间狭小,旧城改造进度较慢,多年来开发的楼盘也普遍用地规模较小,生态配套环境有较大局限。随着近年来的城市"东扩",城市框架拉开,随之不断出现的新兴居住板块在用地规模、生态环境等方面也较老城区的楼盘项目有着很多有利优势,本项目用地规模近百亩,毗邻原生态自然河道,因而社区规划设计有着较大的可塑性。

规划设计的主导思想是营造高品质的、具有优良环境的现代居住区,体现规划思想的超前性和居住条件的舒适性。以独特的规划思想和整体风格表现"红日香舍里"小区的个性特征,充分考虑小区的户型品质、空间环境、生态环境和视觉环境的均好性。

规划要保证整个小区的整体性,强调园区内部环境的营造和底层临街社区型商铺的商业创新。在宗地的临路区域,沿路底层可以考虑设置临街商铺,创造出适宜的

[1]来源:温州三角洲房产投资顾问有限公司

商业空间,满足居民购物休闲的需求;形成一种热闹的氛围,给居民提供一种交往的空间。

(2)建筑方案布局

宗地现状:宗地大致呈三角形,南北两面均有较长的延伸面,其中南面临接蒲源路,北面毗邻自然水系,东面与现有住宅去临街,西面为规划主入口。

住宅排布:宗地南、北面,共排布7幢板式小高层,小区中心则排布6幢点式小高层。

商业配套的排布:南面沿着蒲源路,设置时尚休闲步行街区。

绿化及景观配套:北面沿自然水系,结合绿化、护坡布置河畔风景长廊;小区中心点式小高层与两侧的板式小高层之间用绿化景观和区间道路进行区隔,形成两条绿地轴线,保证各幢之间在视觉上的通透和美感,同时增强整个社区的统一性。点式小高层与会所的围合地带打造一个上千平方米的中央人工湖景观。

休闲及生活配套:会所的室内游泳馆则坐落在人工湖畔,为城市精英们专门设置;在社区的东部规划了幼儿园,将引进先进的幼儿教育理念和管理模式,为香舍里的小业主营造优越的学习和成长环境,满足更高品质生活的追求。

(3)环境设计方案

房地产项目能否如期实现目标形象定位,项目的景观设计尤为重要。

从布局构思看,红日香舍里整体环境以宁静、祥和、温馨、舒畅为主格调,注重以人为中心,强调生态效应;社区的内部建筑围绕中央绿地和水景庭院自然展开,突出局部景区的完整性和整体上的协调性;建筑造型力求新颖、丰富,赋予了环境空间不同的人文主题,反映了高层次的人文品位。

红日香舍里一面滨水,水景观资源丰富,设计中建立了以"水"、"绿"为中心的生态亲水自然环境。轻松活泼的景观设计(如河畔风景长廊、中心人工湖、亲水平台、泳池等不同水景形式的应用)能够给业主带来视觉、听觉、嗅觉等多方位的愉悦感,形成了社区一道独特的风景线。

住宅的道路系统是车行系统与绿色步行系统的叠加。自然便捷的道路组织满足现代人的活动需要,让人们更方便地到达家门或园区每个景点。住区主干道依照自然地形呈现出一些曲度,不仅对景观有益,而且局部还可以结合绿化增设地面停车位。社区中还设计了相对独立、集中的休闲活动场地,给不同年龄层次的人提供了休闲、交流和沟通的平台,也营造出了一个温馨新型的社区文化。

从整体上看,红日香舍里在景观设计中比较注重设计空间组合的多变和视觉环境的优雅,把握空间的合围和垂直空间的丰富,将美观与实用融合为一体,对家庭各成员对景观的感受都做到了充分考虑,如老人、小孩、家庭主妇等,均能在园林中找到各自的审美和使用需求,从而给广大业主创造了一个安静、舒适、方便、优美的生活环境。

（4）社区品位营造

动静皆宜的休闲生活：充分考虑生活的便利和私密，实现人车分流，保证了小区内步行的安全及宁静环境。

丰富有层次的庭园生活：从精致典雅的步行广场和景观大道，起伏的绿茵坡地和中央人工湖，再至高起的花园平台，一片绿意葱茏、碧水悠悠，营造充满自然清新气息的温馨、和谐的社区环境。

幽雅浪漫的亲水生活：以人工湖为景观中心，集合多处亲水平台和景观小品构成的中央水景，极大地满足人们交流休闲、观景的向往；北面河岸的绿化长廊，带来了弥漫自然气息的清新空气，令人身心舒畅，尽情享受亲水的浪漫时光。

行云流水的建筑气韵：建筑设计注重景观要求，以流畅的建筑表情向水岸张开怀抱，令社区拥有怡人的景色。飘逸的弧板建筑、轻盈的点式建筑，远观震撼于艺术条纹的肌理效果，细赏其精雕细琢的工艺质地。

通透自由的建筑底层架空：根据温州潮湿的气候特点，采取了部分建筑底层架空的做法，有利于小区的空气对流、通风，营造通透的视觉效果，也为住户开辟了另一个休息、娱乐、沟通的空间，为灵感生活筑就艺术品质。

健康生态的建筑机能：充分考虑平面空间布局、私密保护、视野景观、感官色彩等生态元素。采用交错的流线挡板，不仅保障上下两户的私密性，更添整体雕塑感、流动感，让居者获得更大的室外空间感和观景视觉。建筑体南北通风、日照充沛。部分半地下的生态停车库和生态电梯的设计更显人性关怀，让你泊车到乘电梯回家，一路都被鲜氧和阳光所包围……清风夹着花香在室内外肆意流动，整个建筑群如同花园中生长出来的会呼吸的生命体。

（5）项目产品方案

多年来，温州楼市处于卖方市场，开发商开发的楼盘一推出市场即告售罄，很多开发商不注重产品品质的打造，户型产品普遍很单一，可选择余地不大。近年来，随着楼市步入买方市场，购房者也逐渐变得理性，虽然市场依然处于供不应求的局面，但购房者在投资行为中已开始注重产品的品质、综合配套和品牌，楼市已进入品质乃至品牌时代。这个现象和过程在全国二线城市中也是比较有普遍性和代表性的。

①户型选择。（表略）

②户型结构。（表略）

③户型的理念创新。早在 2003 年拿地之后不久，面临品质时代的即将来临，三元房地产开发有限公司一开始就未雨绸缪，延续以往开发的"红日花园"一、二期的精品路线，并借鉴深圳、上海、杭州等地的品牌楼盘开发经验，对项目规划设计方案不断修编，甚至不惜推倒重来，决心精益求精，超越自己，以"红日花园"的升级版来迎合未来市场的中高端群体的需求。

在上述指导理念下，"红日香舍里"项目在统一而和谐的整体风格下，充分考虑居住空间的个性化需求，设置了从三房二厅、四房二厅到六房三厅等多款户型，以适应多样化、个性化、差异化的客户需求;在户型的时尚元素中,大量采用飘窗、落地凸窗、270度弧形窗等多种窗体,充分利用景观资源,部分户型还引入了"花园复式"、"270度观景房"等先进的空间设计理念,为居住者打造舒适的户型尺度,充分提升居住的品质,营造出另一种全新的阳光生活方式。

2006年底,在《温州日报》、《温州都市报》、《温州商报》等当地权威、主流媒体联合举办的"年度楼盘创新户型评比"活动中,"红日香舍里"的代表户型及创新理念受到了专家、媒体、业界人士及广大温州市民的一致好评。

【实训组织方式】

1.抽签或由教师选定地块或项目,组织学生结合项目的市场定位进行房地产产品策划。

2.以小组配合分工形式开展讨论,分析项目产品设计的要求,对该项目的产品设计提出初步建议。

3.对该项目相关的产品组合策略进行讨论,完成房地产项目策划报告的撰写。

4.以小组为单位制作 PowerPoint 课件,将该项目的产品策划结果以幻灯片的形式进行演示。

【实训时间】

实训时间安排为课堂2课时,课余5~7天。

【实训习题】

单项选择题

1.(　　　)层次是房地产产品的第一层次,它是房地产产品能够提供给购买者的基本利益。

  A.期望产品　　　　B.附加产品　　　　C.核心产品　　　　D.潜在产品

2.产品整体概念是以消费者(　　　)为核心,指导整个市场营销活动,是企业贯彻市场营销观念的基础。

  A.愿望　　　　　　B.基本利益　　　　C.收入　　　　　　D.满足

3.房地产产品的核心利益是(　　　)。

  A.产品质量　　　　B.房型　　　　　　C.服务　　　　　　D.价格

4.产品方案设计最关键的设计不包括(　　　)。

  A.交通道路规划设计　　　　　　　　　　B.户型设计

  C.建筑设计　　　　　　　　　　　　　　D.园林景观规划设计

5.对于普通住宅①、单身公寓②、中高档住宅③、豪宅④来讲,对公共交通的依赖性由高到低的顺序为(　　　)。

  A.①②③④　　　B.④③②①　　　C.②①③④　　　D.③①②④

　　E.④①②③　　　F.④③①②

6. 对于普通住宅①、单身公寓②、中高档住宅③、豪宅④来讲,对市政配套要求由高到低的顺序为(　　)。

　　A.①②③④　　　B.④③②①　　　C.②①③④　　　D.③①②④

　　E.④①②③　　　F.④③①②

7. 对于普通住宅①、单身公寓②、中高档住宅③、豪宅④来讲,对园林景观要求由高到低的顺序为(　　)。

　　A.①②③④　　　B.④③②①　　　C.②①③④　　　D.③①②④

　　E.④①②③　　　F.④③①②

8. 对于普通住宅①、单身公寓②、中高档住宅③、豪宅④来讲,对建筑、装修质量要求由高到低的顺序为(　　)。

　　A.①②③④　　　B.④③②①　　　C.②①③④　　　D.③①②④

　　E.④①②③　　　F.④③①②

9. 产品系列延伸策略往往有3种形态,即向下延伸,向上延伸和(　　)。

　　A.向上向下延伸　B.向左延伸　　　C.向右延伸　　　D.向左向右延伸

10. 一般产品的生命周期为4个阶段:投入期、成长期、(　　)和衰退期。

　　A.中年期　　　　B.青年期　　　　C.成熟期　　　　D.饱和期

项目六
房地产价格策划

实训导引

　　中国房地产市场已经进入买方市场(即市场供大于求),市场的竞争越来越激烈,市场的不确定因素也更加复杂。在复杂的市场环境中,房地产营销策划及组织成为影响房地产项目成败的重要因素。而价格作为房地产市场运行的核心,是社会利益的结合点。要使消费者能够承受、开发商的投资又能得到较好的回报,合理有效的价格策划成为房地产营销策划中的关键。通过本项目的实训,要求掌握房地产价格策划的内容和方法,熟悉价格策划的工作程序和策略,能够独立撰写房地产价格策划报告。

【案例导入】

TY 名居定价策略[1]

　　TY 名居是两栋超高层的建筑住宅。原来计划包括广告投放、价格表、折扣等,为9 月 28 号正式亮相做准备。然而在 9 月 21 号,企业探听到另一竞争对手将在同一天开盘。两个楼盘仅差 200 米,其工程进度、知名度以及定价都比本案有优势:其一,均价低 300 元左右;其二,相对于 TY 名居刚出地面第四层而言,其快封顶的优势更明显;其三,TY 名居原为一两年前的烂尾楼,而竞争对手是新建项目。企业立即决定将所有的价格表、平面广告和宣传策略全部推翻,第一将价格调低,低于竞争对手;第二,提前两天于 9 月 26 号开盘。由于 9 月 26 号那天台风影响,直到下午四点半售楼处无任何客户来访与电话打入,但是到晚上奇迹就发生了,售楼处先后来了四百多人,全部是周围居住的人,因为价格便宜,当天成交了 170 套房子,销售率达到 30%,

[1]来源:房策划网站 http://www.fangce.cn

最后售楼处忙到半夜一点多钟,不得已把买楼的人全部赶走了。其后两天,TY 名居价格策略调整后,销售率接近60%,第四天起又调价7%,最后借着开盘打造的知名度,TY 名居价格逐渐调回了市场价,帮助企业渡过了难关。

思考:TY 名居采用了什么样的价格策略,这种价格策略的优势如何?

【基本知识要点】

1. 房地产价格策划的内涵

所谓价格策划,就是房地产商为了实现一定的营销目标而协调处理各种价格关系的活动。价格策划是整个地产营销活动中极重要的一环,它不仅包括价格的制定、定价技巧的运用,同时包括在一定的营销条件下,为了实现房地产商预期的营销目标而协调配合营销组合的其他有关方面,在实施过程中不断修正价格策略的全过程。

它体现为两个明显特征:一是房地产的价格策划具有整体性和系统性的特点。不仅要求协调处理个案销售中不同户型之间的价格关系、本楼盘的价格与竞争者产品价格之间的关系等,而且还必须要以市场为基础,紧密联系当前的市场状况,将楼盘的价格机制建立在竞争者和消费者对本楼盘购买行为可能产生的反应方面。二是房地产的价格策划具有动态的特征。以楼市为基础就是要求在不断变化的市场中及时、准确地调整楼盘的价格水平,保证楼盘价格的有效性。同时也要在对目前楼市细分的基础上,加强对未来楼市的分析,使楼盘的价格保持适当的弹性和预期性。

2. 影响价格策划的决定性因素

价格策划首先必须针对影响价格定位的因素,进行系统分析。影响和制约楼盘定价的决定性因素主要包括以下几个方面:

(1)成本因素

房地产商在建造、发售楼盘时所投入的各种费用,构成了楼盘的生产、销售成本,主要包括:地价和拆迁费用、土地开发费用、建筑安装工程费用、专业费用等前期费用;管理费用、财务费用、销售费用等后期费用。

(2)供求关系

市场供求关系的变动对房地产商的楼盘定价有着极大的制约作用。供给和需求对价格的影响主要包括以下几个方面:

①当其他条件不变时,房地产供给增加,会导致房地产商竞争加剧,市场价格下降;供给减少则竞争减弱,价格上升。

②当其他条件不变时,房地产需求增加,会导致需求竞争加剧而价格上升;需求减少,会导致需求竞争减弱而价格下降。

③只有供给和需求同时作用,才能决定市场价格的最终形成。

(3)产品差异

市场竞争在一定程度上表现为差异竞争,而差异竞争主要集中在产品的差异,即楼盘本身素质及各种卖点的不同上。产品差异主要表现在户型、外立面、小区环境设计、物业管理等方面。相应的,户型、建筑风格、环境设计等对市场价格均会产生一定的影响。

(4)购房者的心理因素

在逐渐走向成熟的地产市场,房地产商的品牌影响力越来越起作用,如果购房者对房地产商的产品有良好的印象和偏好,房地产商对楼盘定价时就有较大的自由度。通常购房者在购买地产之前会考虑产品能为自己提供效用的大小,发觉产品是否有适合自己要求的特征,从而确定自己的期望价格。所以定价前必须认真分析消费者对产品的价值判断,这些价值判断在不同的房地产市场发展阶段有所不同。

(5)房地产商的发展目标

根据房地产商在市场的地位,在制定价格策略、进行价格定位之前,首先必须确定价格策划的目标,这也是房地产商选择定价方法的依据。一般的,楼盘的价格策略目标有以下几点:

①最大利润目标。获取最大利润是房地产商的重要目标,但追求最大利润并非追求最高价格,而是追求企业长期目标的最大总利润。

②销售目标。这一目标不仅包括产品能全部销售,而且包括产品能在最短的时间内销售额达到最大。

③市场竞争目标。许多房地产商对竞争者的价格很敏感,但并不希望进行价格竞争,都会有意识的通过定价来应付竞争或防止竞争,避免在竞争中失利。

④品牌目标。市场竞争已转化为品牌的竞争,如何在市场竞争中确立自己的品牌优势,塑造巩固发展自己的品牌形象,为日后的发展打下基础也是价格策划的一个重要目标。

(6)法律、政策因素

在经济运行中,政府的作用非常大,为了对市场经济活动进行必要的监督和调控,政府通常会制定一些政策、法律和法规。

3.定价程序

(1)搜集整理市场信息及定价标的物楼盘资料

主要搜集开发楼盘的所在城市、区域、尤其是标的物附近同档次楼盘的资料,其中包括楼盘位置、区域与个别因素、房屋装修、均价、单元价等内容,以及在企业内部整理楼盘开发过程中的各种费用数据。

(2)估计成本和需求

在进行价格定位之前必须掌握楼盘的成本结构,准确估计楼盘的各项建造成本、销售费用、管理费用以及筹资费用。通过对消费者需求量变动的估计,可以大致确定楼盘的价格水平,确保楼盘得到最大限度的利润。

(3)分析竞争对手

了解不同项目的不同特征对价格的影响,并进行初步的量化分析,找出本楼盘在产品性质、特征上的优势,根据竞争者的价格确定适合自己的价格水平。

（4）选择房地产定价的目标与基本方法

对楼盘的营销目标进行深入研究,考虑竞争环境,权衡房地产营销中的各种关系,依据楼盘的定位、房地产商自身的经济实力,确定合理的定价目标,根据定价目标确定应采用的基本方法。

（5）决定楼盘的平均单价

任何一个楼盘首先须决定其整体价格水准,也就是一般称为的"平均单价"。虽然房地产商在开发土地之时,通常会预估一个单价水准,但到了真正公开销售之前常常由于市场竞争、时机差异、产品规划及开盘目标等因素之影响,有必要再确定"平均单价"水准,以作为细部价格制订的依据。分析"平均单价"对全楼盘销售金额及利润的影响,也是房地产商和代理公司最"计较"的一环。

（6）决定各期、各栋的平均单价

对于大规模楼盘,预计分期销售,可就各期制定平均单价;对于数栋建筑,可评价各栋差异因素及程度,例如栋距、楼层数、景观等,从而决定各栋之平均单价。

（7）决定楼层垂直价差

垂直价差主要是指楼层高度不同所产生价格上的差异。通常先决定一个基准楼层,使基准楼层的单价等于该栋建筑的平均单价,然后再评估其他楼层与该基准楼层之间价格差异的程度,从而得出各楼层的相对价格,并使各楼层相对价格的总和等于零。

（8）决定水平价差

水平价差是指同一楼层各户之间的价格差异。通常是依据各楼层的平均垂直价格,评估同一楼层之间朝向、采光、私密性、格局等因素之优劣程度,得出同层平面中各户的单价,同一楼层各户单价之平均值与原定平均单价相符。

（9）调整价格偏差

利用上述的各个步骤可逐步制订出各户型的平均单价,但还需检核整体的平均单价是否与原预定的相符。可将各户的面积乘以各户的单价,得出楼盘全部的可销售金额,将此可销售金额除以全部可销售面积（即各户可销售面积之和）,即得出所预定的平均单价。

（10）确定付款方式

包括一次性付款、分期付款、银行按揭和优惠措施,等等。在优惠措施中我们将研究折扣、先租后买、零首期、免息付款、送家私、无理由退房和搭配送房等内容。

4. 定价规律

（1）多层住宅

对称分布,一般以三层或四层为中心,价格最高。

影响因素:楼层;隔热、下水道分布;地下室。

（2）高层、小高层住宅

离电梯口的位置、通风情况、是否有南北阳台、停车是否方便是影响价格的主要因素。在同一水平层面上，距离电梯口位置适中，通风好，有南北阳台的定价最高。景观好，价格高；楼层高，价格高。如果是板楼则可能二楼价格最低，因为下水道通常设在二层，且要公摊电梯费用。

5. 定价目标

（1）以获取利润为目标

获取利润是企业经营包括房地产营销的主要目标，具体包括最大利润目标和平均利润目标两种。

（2）以回笼投资资金为目标

商品房投资金额大，投资周期长。为了降低投资风险，减少贷款利息支出，商品房销售以回笼投资资金为目标，争取"跑量"，薄利多销，其利润水平一般控制在 5% 上下。

（3）以维持企业生存为目标

商品房由于市场等各种原因产生滞销，造成企业开发经营资金上相当困难。在这种情况下，首先要分析滞销原因采取各种补救措施。除这以外，降价是应急方法，也可能是主要补救措施。通过降价促进销售，企业得以资金支持维持生存，寻求机会再求发展。在这种情况下利润一般控制在 3% 以下甚至亏本销售。

6. 定价方法

定价方法是根据定价目标确定房地产基本价格范围的技术思路。房地产的定价方法有成本导向、竞争导向、需求导向 3 种。

（1）成本导向

指按开发成本和人为订立的利润率确定价格。

①成本加成定价法，商品房成本加成定价方法是单位成本加上适当的利润，形成销售价格；

②投资收益定价法，在成本加成方法的基础上，确定销售量，从而形成销售价格。

（2）竞争导向

是以企业所处的行业地位和竞争定位而制定价格的一种方法。

①跟随定价法，以行业中同类商品房的价格水平为定价主要依据，跟随竞争对手定价；

②领先定价法，也以同行中同类商品房的价格水平为定价主要依据，但不是跟随而是领先竞争对手的价格。

（3）需求导向

是以消费者的认知价值、需求强度及对价格的承受能力为依据，以市场占有率、品牌形象和最终利润为目标，按照有效需求来策划房地产价格。

①价值认知定价法，以顾客对商品房价值的认识、认可作为定价的主要依据；

②需求弹性定价法,房地产市场顾客需求(包括购买欲望和支付能力)经常会发生变化,商品房价格也随之改变。

7.定价策略与技巧

定价策略,是指企业为了在目标市场上实现自己的定价目标所规定的定价指导思想和定价原则。定价策略应根据商品房本身的情况、市场情况、成本状况、消费构成、消费心理等多方面因素来制定。不同房地产产品在不同的时间、不同地点可采用不同的定价策略。

(1)总体定价策略

①高价策略是指在房地产产品生命周期的最初阶段,将新产品价格定得较高,在短期内获取丰厚利润,尽快收回投资。

②低价策略是与高价定价策略相反的一种定价策略,也成为渗透定价策略,即企业将产品的价格定得相对较低,吸引大量的购买者,迅速打开销路,提高市场占有率。

③中价策略也称满意定价策略,这是一种介于高价策略和低价策略之间的定价策略,以获取社会平均利润为目标。

(2)全营销过程定价策略

房地产全营销过程是指开发的楼盘或小区从预售开始到售完为止的全过程。全营销过程定价策略一般有以下几种:

①低开高走,分时间段制定出不断上升的价格走势,价格控制的原则为"逐步走高,并留有升值空间",这样既能吸引投资,又能吸引消费。

②高开低走,这种价格制定策略的市场定位为需求弹性较小的高收入人群,它的特点是阶段性高额利润,速战速决的回收资金。

③稳定价格策略指楼盘的售价始终保持相对稳定,既不大幅提价,也不大幅降价。

(3)时点定价策略

时点定价策略,既以销售价格为基准,根据不同的销售情况给予适当调整各出售单位价格的策略。时点定价策略大致有折扣和折让定价策略以及用户心理定价策略。

①折扣和折让定价策略主要有数量折扣、功能折扣和现金折扣。数量折扣按照购买数量或金额,分别给予不同的折扣比率。功能折扣又称交易折扣,是指生产企业针对经销其产品的中间商在产品分销过程中所处的环节不同,其所承担的功能,责任和风险也不同,据此给予不同的价格折扣。现金折扣是生产企业对顾客迅速付清货款的一种优惠,一般根据约定的时间界限来确定不同的折扣比例。

②用户心理定价策略主要有整数定价策略、尾数定价策略和首尾定价策略等。

8.价格调整策略

(1)直接的价格调整

直接的价格调整就是房屋价格的直接上升或下降,给客户的信息是最直观明了的。

①基价调整,对一栋楼的计算价格进行上调或下降。

②差价系数的调整,根据实际销售的具体情况,对原先所设定的差价体系进行修正,体现市场对不同产品需求的强弱反映。差价系数的调整主要包括水平价差和垂直差价的调整。

(2)付款方式的调整

①付款时间的调整,是指总的付款期限的减少或拉长,各个阶段付款时间设定向前移或向后靠。

②付款比例的调整,是指各个阶段的付款比例是前期高、后期低,还是付款比例的各个阶段均衡分布,或者是各个阶段付款比例的前期低、后期高。

③付款利息的调整,是指付款利息高于、等于或者低于银行的贷款利息,或者干脆取消贷款利息,纯粹是建筑付款在交房后的继续延续。

(3)优惠折扣

优惠折扣是指在限定的时间范围内,配合整体促销活动计划,通过赠送、折让等方式对客户的购买行为进行直接刺激的一种方法。优惠折扣通常会活跃销售气氛,进行销售调剂,但更多的时候是抛开价格体系的直接让利行为。

总之,价格调整是在房地产基本价格制定后,企业根据市场需求和产销具体情况,随时对基本价格进行的一系列修正行为。

【实训重点、难点】

房地产定价的操作。

【实训项目选定】

根据所在地房地产市场实际情况,选择以下实训项目之一布置房地产项目定价任务。

1. 结合本地近期即将开盘的商品住宅项目,搜集该项目和其他的相关信息,为该项目的开发企业撰写价格策划报告。

2. 结合本地近期即将开盘的商业综合项目,搜集该项目和其他的相关信息,为该项目的开发企业撰写价格策划报告。

3. 结合本地近期即将开盘的写字楼项目,搜集该项目和其他的相关信息,为该项目的开发企业撰写价格策划报告。

【实训参考资料】

◆参考资料一：

租金及售价定位[1]

1. 项目价值评价

表6.1　价值评价表

序　号	评判因素	权重分值(/%)	评定分值(/%)				
			星光百货	世纪阳光	国贸商场	商业大厦	本案
A	周边环境(小计)	30	20.67	23.67	23	24	22
A-1	商业位置	5	3	4	4.33	4	4
A-2	交通便利度	5	3.67	4.33	4.33	4.33	4
A-3	周边房屋素质	5	4	3.67	3.67	4	3
A-4	周边居民质素	5	4	3.33	3	3.33	3
A-5	人流	5	2.67	4.33	3.33	4	4
A-6	车流	5	3.33	4	4.33	4.33	4
B	规划及建筑(小计)	20	18.33	12	10.33	14	17
B-1	整体规划	4	3.67	2.67	2.33	3	3
B-2	外观建筑风格	4	3.67	2	2	3	3
B-3	建筑空间规划	3	2.67	2	1.67	2	2
B-4	停车位、便利、大小	3	3	1.67	1	1.67	3
B-5	主题广场	3	2.67	1.67	1.67	2.33	3
B-6	动线组织	3	2.67	2	1.67	2	3
C	配套设施(小计)	20	13.67	10.33	9.67	12.33	17
C-1	公共配套设计	4	3	2.33	1.67	2.67	3
C-2	无障碍设计	4	2.33	2	1.67	2.33	3
C-3	导购设施	3	2.67	2	2	1.67	3
C-4	安全设施	3	2	1.33	1.5	2	3
C-5	灯光设计	3	2	1.33	1.5	1.67	3
C-6	其他设施	3	1.67	1.33	1.33	2	2
D	营销管理(小计)	30	22.03	17.97	14.93	19.33	25
D-1	主题形象	3	2.33	1.67	1.33	2	3
D-2	营销策略	3	2	2.17	1.83	2.33	2
D-3	主力店	4	3	2.33	1.93	2.5	3
D-4	业态布局	4	3	2.33	1.77	2.67	4
D-5	人流设计(商场内)	2	2	1.27	1	1.33	2

---

[1]来源:中国商业地产策划网 http://www.sydcyx.cn/ziliao/article/08256384.html

续表

序　号	评判因素	权重分值(/%)	评定分值(/%)				
			星光百货	世纪阳光	国贸商场	商业大厦	本案
D-6	经营管理模式	3	2	1.77	1.83	2	2
D-7	商业管理公司	2	1.27	1.27	1	1.17	2
D-8	促销活动	2	1.17	1.17	1	1.17	1.5
D-9	经营管理	3	2	1.83	1	1.67	3.5
D-10	品牌控制	2	2	1	1.07	1.17	1
D-11	物业服务	2	1.27	1.17	1.17	1.33	1
	合计(价值实现度)	100	74.7	63.97	57.93	69.67	81

表6.2　价值实现表

序号	评判因素	权重分值(/%)	价值实现度(/%)				
			星光百货	世纪阳光	国贸商场	商业大厦	本案
A	周边环境	30	20.67	23.67	23.00	24.00	22
B	规划及建筑	20	18.33	12.00	10.33	14.00	17
C	配套设施	20	13.67	10.33	9.67	12.33	17
D	营销管理	30	22.03	17.97	14.93	19.33	25
	价值实现度	100	74.7	63.97	57.93	69.67	81

推算出本案的租金水平就要先得出平均价值实现度。根据上表知,平均价值实现度(本案除外)为66.57%,但由于无法确定商业大厦的销售价格和租金,因此在计算本案的租金时所需的平均价值实现度不将商业大厦的价值实现度计入其中,此时得出的平均价值实现度为65.5%。

2. 价值实现下的租金及售价定位

表6.3　中原市各商业街租金统计表　　　单位:元/(m²·月)

业　态	人民路	东大街	西大街	前进西路	头桥路	天汉大道	太白路	人民路
最高租金	130	90	65	72	63	140	80	73
最低租金	80	40	23	34	18	75	26	28
平均租金	105	65	44	53	40.5	107	53	50.5

根据各商场的租金来测算出本项目的平均租金。星光商场的租金是以扣点的形式来取得的,根据测算的星光商场年收益来推算出其月租金。

表6.4　中原商场租金表　　　　　　单位:元/(m² · 月)

项　目	最低租金	最高租金	平均租金
世纪阳光	100	140	120
国贸商场	90	140	115
星光商场	78	100	89
平均租金	89.333	126.666	108

根据上表知项目竞争商场的平均租金为108元/(m² · 月),因此可根据该数据推算出本案的平均租金,进而推算出商铺平均售价。

本案平均租金 = 平均租金 × 本案价值实现度 ÷ 平均价值实现度
$$= 108 元/(m^2 · 月) × 81\% ÷ 65.5\%$$
$$= 131.91 元/(m^2 · 月)$$

本案平均销售价格 = 本案平均租金 × 10 年 × 12 月
$$= 131.91 × 10 × 12 元/m^2$$
$$= 15\ 828 元/m^2$$

◆参考资料二:

某项目价格定位[1]

××市商住项目及写字楼分布比较分散,相互之间产品的差异性较大。为了能够准确地把握市场上价格的分布规律,本项目定价采用可比楼盘加权定价法。

可比楼盘加权定价法的定价原理:采用条件相似的楼盘市场均价作为基数,对影响因素以权重系数的形式进行调整,建立线性回归方程,求出该类产品的行业线性回归系数,验证其线性相关性,最后针对于本项目进行各项因素的分值判定,将所得的本项目的最终的分值代入求得的××市整体商住项目和写字楼项目价格分布的线性回归方程中,求出本项目商住部分和写字楼部分在××市整体房地产市场上的客观合理价格。

1. 楼盘影响因素、指标及权重确定

依据××市房地产市场的发展现状,结合目前写字楼及商住项目的产品特征,我们共列出10个主要的影响因素。分别为地段、配套、物业管理、建筑品质、项目规划、立面装饰、开发商实力及信誉、户型设计、营销推广、停车位数量。这10个因素,共分5个等级,每一个等级均制定出相应的指标,并且对应分值1、2、3、4、5分。分值越大,表示等次越高。具体见表6.5。

---

[1]来源:房策网 http://www.fangce.nte/down/1897.html

表 6.5　定级因素、指标与分值

编号	定级因素	指　　标	分　　值
1	地段	A.从城市规划的角度来看所处地段的功能分布;B.商业主要看其是否临街或背街;C.业态的构成和发展的程度;D.写字楼为临街或背街,办公氛围的好坏程度。	A.最差;B.很差;C.一般;D.很好;E.最好
2	配套	A.附近城市基础设施的完善程度;B.社会服务设施;文化教育设施、医疗卫生、文娱体育、邮电、公园绿地等方面综合评判。	A.很不完善;B.不完善;C.一般;D.完善;E.最完善
3	物业管理	A.保安;B.清洁卫生;C.机电;D.绿化率及养护状况;E.物业管理费;F.物业管理商资质。	A.最差;B.很差;C.一般;D.很好;E.最好
4	建筑品质	A.产品的设计;B.建筑的质量。	A.最差;B.很差;C.一般;D.很好;E.最好
5	项目规划	A.项目整体规划;B.项目产品内部的规划。	A.最差;B.很差;C.一般;D.很好;E.最好
6	立面装饰	A.立面效果是否新颖;B.立面形象是否给人以良好的市场形象;C.立面所采用的材质	A.最差;B.很差;C.一般;D.很好;E.最好
7	开发商实力及信誉	A.开发商的资质等级;B.开发商的信誉;C.开发商的品牌;D.已开发的项目的市场情况	A.最差;B.很差;C.一般;D.很好;E.最好
8	户型设计	A.各个功能分区的合理性;B.是否有暗房;C.实用率的大小;D.结构布局的合理性。	A.最差;B.很差;C.一般;D.很好;E.最好
9	营销推广	A.营销代理公司的有无;B.营销代理公司的品牌及实力;C.广告的发布情况	A.最差;B.很差;C.一般;D.很好;E.最好
10	停车位数量	A.停车位数量;B.业主的方便程度;C.停车的难易程度	A.最差;B.很差;C.一般;D.很好;E.最好

注:上表中分值的评判为 A 得 1 分、B 得 2 分、C 得 3 分、D 得 4 分、E 得 5 分。

2.商住部分均价的确定

为了科学地计算出本项目的市场客观合理价格,我们将选取系列与本案具有一定相似性的楼盘作为比较标准,依据可比楼盘定价法求取本案的商住楼的市场客观合理价格。对××市的商住项目进行仔细筛选后,抽取其中 5 个具有代表性的项目,作为本次定价的主要参考依据,具体定价过程如下:

（1）商住可比项目分值的判定与计算

表6.6　商住部分可比实例得分计算表

序号	项　目	权重	可比项目1		可比项目2		可比项目3		可比项目4		可比项目5		本项目	
1	地段	0.5	3	1.5	4	2	2	1	5	2.5	4	2	4	2
2	配套	0.3	3	0.9	2	0.6	2	0.6	5	1.5	4	1.2	4	1.2
3	物业管理	0.3	3	0.9	3	0.9	3	0.9	4	1.2	4	1.2	3	0.9
4	建筑品质	0.3	3	0.9	3	0.9	2	0.6	5	1.5	5	1.5	4	1.2
5	项目规划	0.4	3	1.2	4	1.6	2	0.8	5	2	3	1.2	2	0.8
6	立面装饰	0.3	3	0.9	3	0.9	1	0.3	5	1.5	4	1.2	3	0.9
7	开发商实力及信誉	0.1	1	0.1	3	0.3	3	0.3	4	0.4	4	0.4	3	0.3
8	户型设计	0.1	5	0.5	3	0.3	2	0.2	4	0.4	4	0.4	3	0.3
9	营销推广	0.1	3	0.3	3	0.3	4	0.4	4	0.4	5	0.5	5	0.5
10	停车位数量	0.2	3	0.6	5	1	5	1	4	0.8	2	0.4	4	0.8
合　计			7.8		8.8		6.1		12.2		10		8.9	

注：以上10个因素的权重系数是根据行业对消费者的问卷调研来确定的。

上表对于所选的5个可比楼盘的分值的评定依据来自于对××市商住项目的整体市场状况的把握和对个案的深度调研。

（2）商住可比项目楼价与相关分值分析

表6.7　商住部分可比楼盘综合因素量化统计表　　楼价为均价：元/m²

	原　始　数　据			计　算　值		
序号	楼盘名称	楼盘得分(X)	楼价(Y)	XX	YY	XY
1	××世纪城	7.8	3 400	60.84	11 560 000	26 520
2	××国际商务中心	8.8	3 600	77.44	12 960 000	31 680
3	××SOHO国际公寓	6.1	2 600	37.21	6 760 000	15 860
4	××国际	12.2	4 600	148.84	21 160 000	56 120
5	××国际公寓	10	3 600	100	12 960 000	36 000
合　计		44.9	17 800	424.33	65 400 000	166 180
本　案		8.9	3 536	—		

将表中给出的原始数据代入事先建立的线性回归方程，求得线性回归系数r，若r值接近于1，方可找出××市商住项目产品与市场合理价格之间的线性函数关系，进而结合本项目的实际情况，将本项目的分值代入到所求得的线性回归方程$y = a + bx$中，就可以求出本项目在××市房地产市场中的定价时点上的客观合理价格。

$$r = \frac{n\sum xy - \sum x \sum y}{\sqrt{[n\sum x^2 - (\sum x)^2][n\sum y^2 - (\sum y)^2]}}$$

$$= \frac{5 \times 166\,180 - 44.9 \times 17\,800}{\sqrt{(5 \times 424.33 - 44.9^2)(5 \times 65\,400\,000 - 17\,800^2)}}$$

$$= 0.967\,0$$

解得:$r = 0.967\,0$,说明所选的商住可比项目的价格与对应楼盘所得的分值线性相关。

$$b = \frac{n\sum xy - \sum x \sum y}{n\sum x^2 - (\sum x)^2}$$

$$= \frac{5 \times 166\,180 - 44.9 \times 17\,800}{5 \times 424.33 - 44.9^2}$$

$$= 299.886\,4$$

$$a = \frac{\sum y - b \cdot \sum x}{n}$$

$$a = 867.020\,1$$

$$y = a + bx$$

解得:$y = 3\,536.009\,1$

(3)本项目商住部分价格定位

建议:本案商务公寓按照目前市场状况的市场客观合理均价为:3 550 元/m²。

◆参考资料三:

楼层价差策略[1]

一、市场层次

通过对北京西部房地产市场中的长安明珠、京城 DC、上城、兰德华庭、时代庐峰、第七街区、西现代城、京汉旭城、紫金长安和远洋山水等 10 多个项目的板楼楼层价格差调研,发现目前北京西部房地产市场板楼楼层价差主要可以分为 4 个层次:

第一层次:6 层板楼,不带电梯,楼层差价 100 元/m²

以长安明珠和京城 DC 为代表的 6 层板楼,不带电梯。其中京城 DC 的楼层价呈"倒 U 字形",3 层的价格最高,2 层比 3 层低 100 元/m²,1 层比 2 层低 230 元/m²,4 层比 3 层低 100 元/m²,5 层比 4 层低 100 元/m²,6 层最低。长安明珠 5 层最贵,下面每低一层降 100 元/m²,6 层比 5 层低 100 元/m²。

---

[1]来源:房策天下网 http://www.swotbbs.com

第二层次:9~12层板楼,带电梯,楼层差价50~80元/m²

以上城和兰德华庭为代表的9~13层板楼,带电梯。其中上城的楼层价分为两个阶梯,2层的价格比1层高100元/m²,2层以上每高一层价格上涨50元/m²,1层价格最低。兰德华庭楼层差价以2层为基础,每高一层价格上涨80元/m²。11层的价格最高,12、13层的价格一样。

第三层次:14~18层板楼,带电梯,楼层差价30~60元/m²

以第七街区、西现代城、京汉旭城和紫金长安为代表的14~18层板楼,带电梯。其中第七街区、西现代城和紫金长安三个项目的楼层价差以2层为基础,每高一层价格上涨60元/m²。京汉旭城的楼层价差以2层为基础,每高一层价格上涨40元/m²。

第四层次:24~27层板楼,带电梯,楼层差价20~50元/m²

以远洋山水为代表的24~27层板楼,带电梯。其中远洋山水一期的塔连板的板楼部分的楼层价差以2层为基础,每高一层价格上涨20元/m²。时代庐峰的楼层差价以2层为基础,每高一层价格上涨50元/m²。

二、经验总结

第一种策略:低差价刺激销售

多数普通住宅项目,特别是单体楼层较高的板楼,比如18、24层的板楼会采取此种策略。由于楼层数较多决定产品相对于低楼层数楼体,产品的数量较大。降低楼层差价有利于弱化产品间的品质差距。容易造成购房者为寻得更好的户型而纷纷抢购的场面,使占项目绝对比重的中品质产品得以迅速清货。其策略的弊端是有可能导致一些品质较差的户型形成滞销。此种策略在区域市场萧条,购房者购买欲望不足,楼盘上市体量巨大的情况下更为实用。

第二种策略:中差价突出均好

一般品牌房地产商的中段价位的住宅项目,特别是单体楼层较为适中的板楼,比如9、12层的板楼会采取此种策略。中段的楼层差价适中有利于强化产品的均好性。同时也为购房者提供更多的户型选择,使占项目绝对比重的中品质产品得以持续热销。其策略的弊端是有可能使购房者在多种选择下举棋不定,销售速度缓慢。此种策略在区域市场销售温和、楼盘上市体量适中的情况下更为实用。

第三种策略:高差价注重利润

品牌房地产商的精品住宅项目,特别是单体楼层较低的板楼,比如6层的板楼、5层的花园洋房会采取此种策略。较高的楼层差价有利于强化产品间的品质差距,同时也为购房者在购买产品时就划上一种社会阶层的标识,最为重要此策略可以保证最好的产品能为开发商赚取最多的利润。策略的弊端是有可能吓跑一部分高端客户,而低端产品则持续热销。此种策略在区域市场销售火爆,楼盘上市体量较小或部分户型具有稀缺性的情况下更为实用。

提醒注意:顶层与底层的楼层价差

值得一提的是,由于楼体结构的局限,多数项目的顶层与底层的楼层价差与标准层的楼层价差有一定的区别。总结市场经验,一般板楼项目,底层和顶层多数会设计跃层,这样由于户型的改变,价格上的差异就不具有可比性。如果顶层与底层的户型与标准层的户型一样,通常情况下,第一种策略与第二种策略下,顶层会比次顶层的价格低一个标准楼层差,或与次顶层的价格持平;底层户型会比第二层的价格低一个标准楼层差,或与第二层的价格持平。第三种策略下,特别是6层不带电梯的楼体,顶层会比次顶层的价格低5个标准楼层差,甚至比次顶层的价格低500元/m^2;而底层户型依然会比第二层的价格低1个标准楼层差,或与第二层的价格持平。

◆ 参考资料四:

形形色色的价格策略

DH花园的"两周一折价"价格策略,具体是指买家从本月公开发售之日起两周内购买该花园,除能享受到普通付款方式所能享受的具体折扣外,还可以额外得到九二折的优惠;其后的两周,额外的折扣从九二折改为九三折,再后的两周,额外的折扣则为九四折;如此类推,直至十二周内的九七折。

HX首推"天天涨"限额销售法。该方案为:以比正常开盘价7 288元要低1 600元的超低价亮相,每日限额销售一套,天天涨价100元,连续涨价16天,即对16套首期房以5 688元首推第一套,尔后每天上扬100元,直至正常销售价。如此频繁变价销售其意义并非在于每日的涨价幅度,而是启动一批房产投资者。

HY花苑大礼销售,被称为"价格回归",无朝向及层次系数,先买先得。若一次性付款,单价4 980元/m^2,若使用公积金按揭付款,单价5 480元/m^2;在规定的12天内,每提前一天付款,优惠每平方米4元。

QL苑"免公共分摊面积"销售,其方法是在展销会期间,将每个单元的总楼价减去公共分摊面积所占的楼价后,再加上各种付款方式的折扣得出最终楼价。经过减免公共面积后,这一期住宅的一次性付款均价仅为4 340元/m^2,比上期价格降低了近20%,低价只在3 860元/m^2,在装修标准上虽比不上前一期豪华,但也并不低,同时小区的部分设施已经投入使用,现楼的外型也有一定的档次。诸多因素共同作用,使展销会相当火爆。

◆ 参考资料五:

"东新城市花园"价格策划案[1]

1. 项目总体价格策划

---

[1]聂洵."东新城市花园"项目营销策划研究[D].西安理工大学,2008.

本项目的市场定位是建造一个城东中高档精品住宅社区,项目的总体目标是在取得理想的利润收益前提下,建立一个在城东乃至整个西安市地产界都具有较强影响力的地产知名品牌,所以项目的整体价格策略采用了成熟的价格总体趋势低开高走方法,高频次、低幅度稳步提价的提价策略;同时有效控制各阶段销售总量,维持项目市场销售人气;通过对价格的操控,人为的营造销售势能,推动销售进程,使项目走上稳步热销的良性轨道。

定价目标:加速销售速度、提高销售率、利于资金周转等。

定价的衡量因素:建造成本、建筑物产品特色、正常利润、市场价格导向、附近市场行情和竞争状况等。

价格策略:着重于市场导向。

定价原则:地理位置、景观、房型规划、楼层、朝向等因素。

定价方针和付款方式:付款一般以工程进度分期付款。

优惠折扣:面积小、平面布局差等因素定出最低价等。

2. 项目的价格形成及影响因素

东新城市花园项目定价标准是:核算出一个楼盘的整体均价,在实际营销过程中,为了达到营销目标,不同情况存在着价格水平的一定差异。因此就要考虑以下因素:

(1)朝向因素

一般而言,根据我国独特的地理环境和文化背景,朝南的单元较贵,东南向、西南向的次之,朝北的则最便宜。若所有的厅和卧室都朝南,则最贵,若所有的厅和卧室都朝北,则最便宜,其他依次类推(见表6.8)。

表6.8　单元朝向系数表

双朝向单元	朝向	南北向		东西向	
	单元朝向系数/%	3		−3	
单朝向单元	朝向	朝南	朝北	朝东	朝西
	单元朝向系数/%	4	−4	2	−2
复杂朝向单元	朝向	东南	西南	东北	西北
	单元朝向系数/%	4	2	−2	−1

表6.8给出单元朝向系数,本单元朝向系数仅适用由于阳光照射引起的朝向效用差异。如果有较大的景观差异,可取更大的系数,但一般不超过15%~20%。

(2)楼层因素

对于高层住宅来说,一般为楼层越高价格越贵。同样,板式小高层通常是由低层到高层逐渐趋贵,首层价位最低(因为其光线通风效果均不如其他层位),依次类推。而多层住宅,也就是我们最常见的7层或7层以下的住宅楼则不同,它基本上是中间层较贵,首层和顶层较为便宜(见表6.9)。

表6.9 国内常见的单元楼层系数表　　　　　　　　单位:%

系数	二层楼	三层楼	四层楼	五层楼	六层楼	七层楼	高层楼
一层	-1	-2	-3	-3	-3	-2	$-(n/2)m$
二层		2	2	1	1	1	$-(n/2-1)m$
三层		0	3	4	3	3	$-(n/2-2)m$
四层			-3	2	4	4	$-(n/2-3)m$
五层				-4	0	1	$-(n/2-4)m$
六层					-5	-2	$-(n/2-5)m$
七层						-5	$-(n/2-6)m$
$n/2-1$							$-m$
$n/2$							0
$n/2+1$							m
$n-2$ 层							$(n/2-2)m$
$n-1$ 层							$(n/2-1)m$
N 层							$(n/2)m$

其中:$m=k/n$,n 为楼层次,k 为不同楼层的楼层系数最大值,一般取$10\%\sim15\%$。

（3）面积因素

因面积大小会导致差价系数不同,这往往和总价配比有关。当楼盘的总价波动范围很小,但因市场需要,要求拉开总价落差的时候,就会对不同的面积单元确定不同差价体系来实现,以锁定不同客户的不同总价需求,而且由于人们在不同面积房屋中生活的舒适感程度完全不一样,因此房屋面积有一个适度的规模,面积适中适宜人居住的房屋价格最贵。

（4）视野因素

如果房屋面临景观、花园,视野比较好,人生活在里面会感到轻松自然,这样的房屋价格一般比较高。而面临闹市、马路或采光不佳、视野较差的房屋,即使在同一栋楼的同一层,价格也应该相对便宜。

对项目周边地区楼盘价格等情况进行了详细的调研和分析(见表6.10),周边地区开发水平相对较高和销售情况相对较为理想的项目不多。东新城市花园项目,建筑面积 9 万 m^2,户型基本上以 3 室 2 厅为主,主力户型面积基本在 120 ~ 140 m^2。

表 6.10　东新城市花园周边项目价格分析

项目名称＼项目内容	总建筑面积（m²）	总户数	销售进度（％）	优惠政策（％）	标价起价（元/m²）	标价均价（元/m²）	入市时间
Y 园	29 216	140	50	2～3	6 850	7 500	2006 年 6 月
XX 翰园	31 000	226	40	2～4	7 028	7 500	2006 年 7 月
XX 之家	23 074	208	24	2～3	7 018	7 200	2006 年 9 月
XQ 花园	37 950	160	50	2～4	7 200	7 900	2005 年 9 月
DF 星座	50 000	624	70	2～4	7 580	6 900	2006 年 4 月

3.项目各营销阶段价格策划

（1）开盘期价格策略

开盘期项目采取了控制总体价格比市场同档竞争对手的售价低5%的策略,以 6 800 元/m² 作为项目的开盘销售均价,并对抢先购买 DX 城市花园前20套单位的客户,按照一次性付款94折,银行按揭96折进行优惠,销售20套后,降低优惠幅度,按照一次性付款95折,银行按揭97折进行优惠再推20套,在销售效果良好的情况下,以同等优惠幅度再加推10套单位,并告知客户此10套销售完结后,项目总体价格将每平方米提升100元的销售信息。

（2）强销期价格策略

当销售进度完成50%后,标志项目进入强销期阶段,此时根据市场销售情况,并结合项目工程进度和营销节点的推出,将价格逐步提升至价格表均价7 300 元/m²。

（3）成熟期价格策略

当销售进度完成75%后,并当项目立面落成、社区环境基本做出时,标志项目进入成熟期阶段,此阶段采取了较大幅度提升项目价格,将项目总体销售价格调升至价格表均价7 500 元/m²。

（4）尾盘期价格策略

当销售进度完成90%后,项目进入尾盘期,此时加大价格优惠幅度,并推出促销策略,力争使项目销售一空。

【实训组织方式】

指导教师选定本市有一定代表性的住宅区项目(带底层商铺为佳),或者商铺、写字楼项目,为学生提供项目基本状态数据,以及各单元的销售面积。

1.学生以小组形式进行市场调研,讨论确定项目的均价。

2.交流讨论调研数据与信息,学生分组分幢或分层、分片确定项目各户、各产权单位的价格。

3. 用 Excel 表格做项目的价格表,计算最终的总价、均价,并说明采取的定价方法。

4. 独立完成价格策划报告的撰写。

【实训时间】

实训时间安排为课堂 4 课时,课余 2 ~ 3 天。

【实训习题】

不定项选择题

1. 影响房地产价格制定的市场因素有( )等。

    A. 城市规划   B. 销售临近阶段的市场环境

    C. 客户取向   D. 项目的物业管理水平

    E. 房地产商的知名度

2. 房屋销售阶段确定的均价有( )。

    A. 项目整体销售均价   B. 项目分栋销售均价

    C. 项目分层销售均价   D. 项目分阶段销售均价

    E. 项目分户销售均价

3. 运用市场比较定价法,房地产项目价目表的制定步骤包括( )等。

    A. 制定均价   B. 制定分栋、分期均价

    C. 确定层差和朝向差   D. 确定难点和重点户型价格

    E. 形成价目表

4. 价格调整过程中所做的市场验证包括( )。

    A. 价格敏感分析   B. 楼盘定位分析   C. 难点户型价格分析

    D. 调整价格   E. 更改价目表

5. 总体定价策略一般分为( )。

    A. 低价策略   B. 高价策略   C. 中价策略

    D. 一般价格策略   E. 预期价格策略

6. 影响房地产定价的因素主要有一般因素、市场因素和( )。

    A. 政策因素   B. 经营目标因素   C. 供求因素   D. 项目因素

7. 在以提高市场占有率为主要目标,营销利润为次要目标时,应采取的价格策略是( )。

    A. 高价策略   B. 低价策略   C. 中价策略   D. 成本价策略

8. 在房地产市场状况较为稳定的区域,房地产企业为保持其市场占有率,通常采取的价格策略为( )。

    A. 低价策略   B. 高价策略   C. 中价策略   D. 市场策略

9. 在采用低开高走定价策略时,确定调价频率的关键在于( )。

A. 小幅递增　　　B. 前快后慢　　　C. 前慢后快　　　D. 吸引需求

10. 某新建商业用户的完全成本为 2 500 元/m², 开发商希望的目标利润率是完全成本的 20%, 销售税金为 200 元/m², 周边同档次物业的市场价格水平为 3 500 元/m², 预计该物业的年总收益为 400 元/m², 总收益倍数为 10:

(1) 采用成本加成定价法, 该商业用房的价格为(　　)。

A. 3 000 元/m²　　　　　　　　　B. 3 200 元/m²

C. 3 500 元/m²　　　　　　　　　D. 4 000 元/m²

(2) 采用市场比较定价法, 该商业用房的价格应为(　　)。

A. 3 000 元/m²　　　　　　　　　B. 3 200 元/m²

C. 3 500 元/m²　　　　　　　　　D. 4 000 元/m²

(3) 采用未来收益定价法, 该商业用房的价格应为(　　)。

A. 3 000 元/m²　　　　　　　　　B. 3 200 元/m²

C. 3 500 元/m²　　　　　　　　　D. 4 000 元/m²

(4) 当前同类物业供求基本平衡, 市场状况基本平稳, 首选的定价方法应为(　　)。

A. 成本加成定价法　　　　　　　B. 市场比较定价法

C. 指标定价法　　　　　　　　　D. 目标成本定价法

(5) 确定该商业用房均价后, 制订每个商业单元价目表时, 应考虑的主要因素有(　　)。

A. 景观　　　B. 单元面积　　　C. 单元平面布局　　D. 单元所处位置

项目七

房地产促销组合策划

实训导引

　　广告、人员推销、销售推广、公共关系这些促销策略已在房地产营销活动中得以广泛应用,促销策略是房地产营销(策划的重要组成部分,通过促销活动可以增加房地产项目的销售额,并树立房地产企业的良好品牌形象)。通过本项目的实训,要求掌握房地产促销的基本方式,熟悉房地产促销组合的方式,能够根据房地产项目的特点制订适当的促销组合策略,独立撰写房地产促销组合策划报告。

【案例导入】

××花都销售执行系列活动节选[1]

1. 系列活动之"新闻发布会"

　　在该市顶级酒店召开新闻发布会,进行项目信息透露,引起市场关注,表明开发商决心。新闻发布会之后,以新闻形式出现在各电视台、报纸上。

2. 系列活动之"春节房地产交易会"

　　买断会刊黄金版面,并在所有房交会与客户沟通的广告中出现××花都形象广告。春交会开幕式及其他活动以"××花都"作背景板。春交会期间,精选一部分受过良好专业礼仪训练的员工现场派发宣传资料,并租用一电子屏幕作形象宣传。

3. 系列活动之"开盘活动"

　　开盘当日请形象代言人现场作秀,并安排"排队限时抢购"。开盘前两天,只对VIP卡客户销售;当天早上8点,限时抢购正式开始,根据排队顺序依次选房,每人限

---

　　[1]筑龙网组编.房地产营销方案[M].北京:机械工业出版社,2007.

制时间15分钟,超过15分钟视为自动放弃,售楼部开放时间到晚上6点整;当日每两个小时销售价格上调一次,次日价格统一,但仍低于整体均价100元,第三日价格恢复到3 000元,同时购房不再限制于VIP卡客户。

4.系列活动之"六·一"公益献爱心

联合××花都、其他单位及××集团下属单位共同举办献爱心活动。以××集团作为主办单位,××花都作为执行主办单位,其他单位为协办单位。主题:为了祖国的花朵——让爱撒播在××孤儿院。形式:员工自愿捐款;××集团捐款10万元;"××花都"捐款,期间每销售一套住房,向孤儿院捐款500元;"六·一儿童节"当天,由孤儿院组织节目,××集团赞助的形式,让孤儿院的小朋友过一个快乐的节日,同时节日当天举行××集团首次义捐仪式;集团将其余捐款交与孤儿院。活动前通过××晚报及××都市报整版彩版公布此次活动信息,活动开始后,主要通过新闻播报该活动。

5.系列活动之"豪宅论坛"

邀请建设部领导,省建设厅领导,市建委领导,该市主要房地产开发企业代表,北京某知名地产人士,各合作单位代表,电视台、报社等媒体记者。

6.系列活动之"国家康居工程建筑论坛"

邀请集团领导,中国发达城市康居工程项目开发商领导,建设部领导,中国某地产界知名人士,××地产代表,电视台、报社媒体记者。阐述康居工程在中国的发展情况,提出展望。

思考:案例中涉及哪些促销策略?上述各系列活动试图达到什么效果?可否猜想一下这些活动发生在该项目销售的哪个时期?

【基本知识要点】
1.房地产促销的概念与目标
(1)房地产促销的概念

房地产促销是指地产企业(或业主)通过一定的方式向消费者传递房地产商品的信息,并与消费者进行有效的信息沟通,以达到影响消费者的决策、促进房地产商品流通的营销活动。

(2)房地产促销目标

①提供信息,传递信息。房地产促销最根本的目标就是向目标消费者传递信息,使消费者了解房地产企业提供的房地产,并了解房地产企业本身。

②突出房地产的特色和优点。房地产促销的任务之一是找出自己房地产与竞争房地产相比的不同属性,使目标消费者认识到两者的不同之处,以这些不同属性满足消费者的需求。

③强调房地产的价值与品牌,宣传项目卖点。房地产企业通过促销活动,可以宣传本企业产品的突出特点以及它给消费者带来的特殊利益,并让更多的顾客了解企

业的规模、特征、主要产品类型和所取得的成绩,解除目标客户对产品或服务的疑虑,提高企业知名度,开拓更大的市场。

④刺激房地产商品的需求,增加房地产租售量。通过促销,增加租售量,提高租售额,这是房地产企业促销最根本的目标。

2. 房地产促销的主要方式与特点

表7.1　房地产主要促销方式

广　告	人员推销	销售推广	公共关系
报纸杂志广告	销售介绍	价格折扣、折让	捐赠和赞助
广播电视广告	房产销售会	抽奖活动	报告会
户外广告	电话营销	买楼赠送	研讨会
海报	上门推销	房交会与展览会	各种庆典
夹报广告	现场推销	联合促销	记者招待会
售楼书		退款保障	公益活动
网络广告		以租代售	
接待中心		分期付款	
样板房		销售奖励与销售竞赛	

表7.2　四种主要房地产促销方式特点比较

促销类型	优　点	缺　点
广告	传播广泛;传播的信息规范;易控制	广告费用浪费大;广告效果难以度量;难以与目标接受者沟通
人员推销	信息表达灵活;易与消费者沟通;易与消费者建立关系;促销目标明确	单位接触成本高;对销售员素质要求较高;难以进行大面积推销
销售推广	促销刺激直接;易引起消费者的注意与反应;易迅速产生效果	易引进竞争;容易被效仿;促销效果难以持久
公共关系	可信度高;易建立企业和产品形象	针对性较差;企业较难控制

(1)房地产广告

房地产广告是指房地产企业(业主)以向大众媒体支付一定费用的方式将房地产商品的有关信息传递给社会公众,以促进和扩大楼盘销售的促销方式。

①房地产广告的种类:

按房地产广告内容分为:房地产楼盘广告、房地产形象广告、房地产服务广告、房地产事件广告等;

按房地产广告传播媒体分为:报纸杂志广告、广播电视广告、户外广告、夹报广告、传单广告、网络广告等；

按房地产广告的作用分为：现实销售广告、战略性广告；

按房地产广告制作的侧重点分为：指名式广告、促销式广告、提示式广告、心理式广告和比较式广告。

②房地产广告目标分类：

表7.3　房地产广告目标分类

提供信息	介绍新楼盘 介绍楼盘特点 提供房地产价格信息 树立企业形象	介绍物业管理 修正消费者印象 提供房地产环境状况信息 说明付款方式
劝说	说服消费者购买或租赁 加强消费者对楼盘的喜好	劝说消费者赴现场参观 改变认知态度
提醒	提醒售楼处地址、电话 保持对楼盘的知晓	维持企业知名度 提醒投资机会

③房地产广告基调的选择。广告的基调是与目标客户定位、产品定位和竞争因素相符的，带有明显个性特征和企划人员的创意风格，并且贯穿于房地产广告设计和广告实现。要求如下：广告基调应与目标客户特征相符；广告基调应与产品特征相符；广告基调应考虑竞争楼盘影响。

④房地产广告的诉求点。广告诉求点应是产品的强项，现代商品社会的竞争日趋激烈，广告的主要任务就是将产品最亮丽的一面展现给客户，吸引客户前来选择，广告的诉求点实质上是对产品的相对强项的着力展示。

（2）房地产人员推销

房地产人员推销是指房地产企业派出销售人员直接向顾客传播和沟通信息，推介房地产商品，使其产生购买行为，促成房地产商品销售的促销方式。

人员推销是最古老的一种促销方式，也是4种促销方式中唯一直接依靠人员的促销方式。在人员推销过程中，通过房地产销售人员直接与消费者接触，可以向消费者传递企业和房地产的有关信息；通过与消费者的沟通，可以了解消费者的需求，便于企业能够进一步地满足消费者的需求；通过与消费者的接触，还可以与消费者建立良好的关系，使得消费者也发挥推荐和介绍房地产的作用。由于房地产是价值量巨大的商品，一般消费者不会仅凭一个广告或几句介绍就随便地做出决定，因此，人员推销是房地产企业最主要的推销方式。但是，人员推销也存在接触成本高，优秀销售员少以及销售人员的流动会影响目标消费者的转移等缺点。

①人员推销的任务。推销楼盘，寻找客户，传播信息，提供配套服务，建立长期关系，市场信息调研。

②人员推销的程序。寻找顾客，推销准备，访问顾客，推销洽谈，处理异议，达成

交易,售后服务。

③房地产推销人员的管理。

房地产推销人员的选拔:制定选择标准、招聘、对应聘者的评价考核。

房地产推销人员的培训:设计培训计划,确定培训内容(企业概况、楼盘概况、房地产市场情况、目标消费者情况、推销技巧)。

房地产推销人员的激励:确定推销人员的工作目标,物质激励、精神激励。

（3）销售推广

销售推广又称营业推广或销售促进,是指所有旨在短期内迅速刺激消费者冲动性购买,达成交易及促进推销工作、非常规的优惠性促销活动。

①房地产销售推广的目标。

对消费者的销售推广:刺激消费者购买或租赁本公司的房地产,吸引消费者前往售楼处咨询了解,鼓励原有租户继续承租,促使竞争者的客户或他们的潜在消费者成为本企业的客户或潜在消费者。

对房地产中间商的销售推广:通过销售推广促使中间商参与企业的促销活动,帮助中间商改善营销工作,吸引新的房地产中间商加入销售行列,提高中间商的工作效率等。房地产开发商常常通过价格折扣、高比例佣金,馈赠礼物等手段达到以上的目标。

对房地产推销人员的销售推广:对推销人员的销售推广不单是指房地产开发商对本企业推销人员的销售推广,也包括对房地产中间商推销人员的销售推广,其目标显然是鼓励推销人员积极工作,努力开拓市场,增加销售量。

②房地产销售推广的常用方法。

针对消费者的:价格折扣、变相折扣、赠送促销、抽奖促销、还款促销、"噱头"促销。

针对中间商的:推广津贴、广告赠品、促销合作、销售竞赛。

针对推销人员的:奖金、推销竞赛、赠品。

（4）公共关系

公共关系,是指企业利用各种传播关系,有意识地与内外公众进行信息的双向交流,塑造良好的企业形象,建立稳定融洽的顾客关系,以有效地促进营销目标实现的活动。

房地产公共关系策略是指房地产开发企业为了提高企业形象,增强企业的竞争和发展能力,优化企业经营管理的内部环境,加强与企业的内部公众和外部公众进行双向沟通而采取的所有策略手段。房地产企业公共关系策略的实施目标最终是为了实现企业的经营目标和营销目标,但实施该策略的直接目的并不是为了促进房地产产品的销售,而是为了树立和改善企业在公众中的良好形象。

①公共关系的目标。建立知晓度,树立可信度,刺激销售队伍和经销商,创造和

维持忠诚顾客,问题解决与危机公关。

②公共关系的主要手段。公开出版物,事件,新闻,演讲,公共服务活动,形象识别系统。

③公共关系策略。宣传性公关策略,交际性公关策略,服务性公关策略,征询性公关策略。

3.房地产促销组合

房地产促销组合,即房地产企业(或业主)把广告、人员推销、销售推广、公共关系等各种促销方式有目的地组合起来综合运用,是企业(或业主)在各种促销方式中选择确定对自己最有利方式的组合过程。

(1)房地产促销组合的特点

①房地产促销组合是一个有机的整体组合。

②房地产促销组合的不同促销方式具有相互推动作用。

③构成促销组合的各种促销方式既具有可替代性又具有独立性。

④房地产促销组合是一种多层次组合,每一种促销方式都有多种不同类型的工具。

⑤房地产促销组合是一种动态组合,与房地产商品销售的不同阶段相结合运用。

(2)影响房地产促销组合的因素

①房地产的类型。房地产的目标客户不同,项目定位不同,所采用的促销组合也不同。

②推出策略与拉引策略。由于两种策略中企业所面对促销对象不同,所使用的促销方式也不同。

③房地产建设的不同阶段与销售的不同时期。各阶段的房地产实体状态不同,销售状态也不同,需要不同的促销组合方式。

④房地产促销预算。不同的促销方式费用差异较大,应根据预算合理选择促销方式,使促销费用发挥最大的效用。

4.房地产促销策划书的撰写

一份完善的促销活动方案可分为12部分:

①活动目的:对市场现状及活动目的进行阐述,明确活动目的,有的放矢。

②活动对象:活动针对的是目标市场的哪些目标群体?分清主要促销目标对象和次要目标对象。

③活动主题:一是确定活动主题,二是包装活动主题。促销工具与促销方式的选择,这一部分是促销活动方案的核心部分,应该力求创新,使活动具有震撼性和排他性。

④活动方式:这一部分主要阐述活动开展的具体方式。一是确定合作伙伴,二是确定刺激深度。

⑤活动时间和地点:在时间上尽量让消费者有空闲参与,在地点上也要让消费者方便,而且要事前与城管、工商等部门沟通好。

⑥广告配合方式:一个成功的促销活动,需要全方位的广告配合。

⑦前期准备工作:包括人员安排、物资准备和试验方案。

⑧中期操作:中期操作主要是活动纪律和现场控制。在实施方案过程中,应及时对促销范围、强度、额度和重点进行调整,保持对促销方案的控制。

⑨后期延续:明确本次活动将采取何种方式,在哪些媒体进行后续宣传。

⑩费用预算:对促销活动的费用投入和产出应作出预算。

⑪意外防范:针对活动可能出现的意外,如:政府部门的干预、消费者的投诉、天气突变导致户外的促销活动无法继续进行等,做好应对可能意外事件的必要的人力、物力、财力等方面准备。

⑫效果预估:预测这次活动会达到什么样的效果,以利于活动结束后与实际情况进行比较,从刺激程度、促销时机、促销媒介等各方面总结成功点和失败点。

【实训重点、难点】

根据房地产预期促销效果选择并组合设计房地产促销方式。

【实训项目选定】

根据所在地房地产市场实际情况,选择某房地产开发项目,布置房地产销售推广策略。

1. 依据给定房地产项目与促销目标,为广告确定基调;

2. 根据房地产项目特点与房地产市场情况,确定人员推销计划方案;

3. 为给定房地产项目选择不同阶段的销售推广方式;

4. 为给定房地产项目设计房地产公共关系建议;

5. 综合以上 4 个方面的成果撰写该房地产项目的促销组合策划方案。

【实训参考资料】

◆参考资料一:

温州乐清某项目广告初步计划节选[1]

选择媒体之一:乐清日报(星期二为楼市专版)

---

[1]来源:温州好望角房产投资有限公司

表7.4　温州乐清某项目一个月的广告媒体投放计划

时　间	工作要点	目　的	具体内容	预算（万元）	备注
2007年12月8日	硬广	告知目标消费群体产品说明会举办信息以及产品形象	主题:携手国际名家　创新德国豪宅 ——暨××城产品说明会 内容方向:举办产品说明会信息＋项目形象＋项目卖点	5.6	
2007年12月11日	软文跟进	积累客户,继续造势	主题:创造品质典范,汇聚尊贵气质 内容方向:产品说明会新闻报道＋产品形象		赠送
2007年12月15日	硬广	1.售楼中心开放信息 2.积累意向客户 3.继续造势	主题: ×月×日××城展示中心 盛装开放,璀璨全城 内容方向:售楼厅开放信息＋项目形象＋项目卖点	5.6	
2007年12月18日	软文跟进	积累客户,继续造势	主题: 内容方向:售楼厅开放新闻报道＋项目形象＋项目卖点		赠送
2007年12月25日	硬广	积累客户,继续造势	主题:百年经典　望族名门 ——演绎乐清首席生活 卖点罗列 内容方向:项目形象＋项目卖点	5.6	
2008年1月1日	软文跟进	积累客户,继续造势	内容方向:项目形象＋项目卖点		赠送

◆参考资料二:

加拿大著名地产经纪人徐澄川先生设计的物业促销培训课程[1]

第一天:详细介绍公司背景,树立公司在公众心目中的形象,公司的目标,包括项目推广目标和公司发展目标,确立员工对公司的信心;讲解销售人员的行为准则以及制定销售人员个人收入目标。

第二天:介绍物业的详细情况,包括规模、定位、设施、价格、买卖条件;物业周边环境、公共设施、交通条件;该区域的城市发展计划,宏观及微观经济因素对物业的影响情况。

第三天:讲解洽谈技巧。如何以问题套答案,询问客户的需求、经济状况、期望

[1]广东物业通房地产代理有限公司.房地产营销策略与技巧[M].广东:广东经济出版社,1999.

等,掌握买家心理。

第四天:展销会场气氛把握技巧。销售人员依次接待客户,与客户交谈的礼貌用语,多客、少客及下雨天应该怎么办。

第五天:物业管理课程。包括物业管理服务内容、管理规则、公共契约等。

第六天:推销技巧、语言技巧、身体语言技巧、客户心理分析。

第七天:展销会签订买卖合约的程序与技巧。

第八天:讲解房地产法规,包括土地管理法、房地产交易管理条例、房地产登记条例、租赁条例、物业管理条例以及房屋抵押贷款管理办法等。

第九天:以一个实际楼盘为例进行实习,运用全部所学方法和技巧完成一个交易。

第十天:实地参观他人展销场地。

◆参考资料三:

某项目 2008 年重大活动安排计划(节选)[1]

活动一:奥运冠军交钥匙活动

活动背景:①3 月 15 日 HTYS 项目入伙;②北京奥运会即将举行;③HTYS 项目作为 YH 企业经典作品在该市房地产市场享有极高声誉。

活动目的:①利用 HTYS 项目向目标客户或认筹客户展示 YH 企业开发水平,增强认筹信息;②利用现场热烈人气,强化认筹;③利用奥运明星,扩大 YH 企业品牌和 YH 领域项目的知名度和美誉度。

活动时间:2008 年 3 月 15 日

活动地点: HTYS 小区现场

活动内容:①奥运冠军交钥匙仪式;②奥运冠军秀羽毛球;③奥运冠军和客户互动打羽毛球;④奥运冠军抽奖。

销售推广:①现场接受认筹,新认筹或已认筹客户均可额外享受 2 000 元/次的活动优惠积分计划;②活动单天安排专车接送售楼处;③活动当天成交享受额外 1 个点购房优惠。

活动二:售楼处开放庆典

活动背景:①4 月 10 日,YH 领域现场售楼处和前广场将正式启用,对外开放;②2 期住宅认筹宣传攻势已经展开,积累了部分认筹客户。

活动目的:①通过向已认筹客户展示前广场和售楼处,强化其交易信心,增强客户诚意度;②通知未认筹客户参加活动,利用现场热烈人气,强化认筹。

---

[1]刘戎.YH 房地产公司"126 项目"营销策划研究[D].昆明理工大学,2008(69-73).

活动时间:2008 年 4 月 12 日

活动地点:YH 领域前广场

邀请对象:以认筹客户和新成交客户为主,如果人数不够,适当邀请活跃的 BK 会会员参加。

活动内容:①本地知名娱乐节目及文艺表演;②抽奖活动。

销售推广:①现场接受认筹,新认筹和已认筹客户还可额外享受 2 000 元/次活动优惠积分计划;②活动当天成交享受额外一个点购房优惠。

活动三:开盘选房活动(开盘前价格试算活动)

活动目的:①利用算价,吸引认筹客户再次上门,强化认筹客户购买信心;②通过算价,对认筹客户意向房号进行有效引导,减少踩房情况发生。

活动时间:开盘前 3~5 天

信息公布口径:①对外只说价格试算,准确价格只有在开盘当天才能公布,保留价格悬念,吸引认筹客户在开盘当天上门;②初选房号,房源只能在当天才最终确定。

活动四:北区样板房开放活动

活动目的:通过样板房展示,促进北区住宅的销售和拟推出单位认筹。

活动内容:①模特在样板房表演;②外广场举办文艺表演,庆祝样板房展示;③抽奖。

样板房类型:①精装样板房——精装修并配全套家私家电;②清水样板房——仅将毛坯房墙壁抹白,并配简易家私和绿植;③工程展示间——展示墙体、桩头、门窗、管材等施工材料和工艺。

活动五:投资讲座活动

活动目的:①通过此次活动,邀请和吸引该市大批投资客到场,强化公寓认筹;②通过此次活动,邀请已认筹公寓客户参加,强化他们成交信心。

活动时间:6 月中旬

活动地点:售楼处外广场

拟邀请投资专家:知名房地产投资专家

活动议程:①投资专家作主题演讲;②观众问答互动;③抽奖。

活动六:商业产品推介会

活动目的:通过推介会向认筹客户充分展示商业价值。

活动时间:7 月下旬

活动地点:五星级酒店大会议室

拟邀请投资专家:①该市商务局领导;②商业设计专家;③商业运营专家;④开发商代表;⑤商家代表。

活动议程:①专家主题演讲;②抽奖。

活动七:招商签约新闻发布会

活动目的:与品牌招商团队签约,给予客户商业运营前景,强化认筹,增强投资信心。

　　活动时间:8月中旬

　　活动地点:五星级酒店大会议室

　　活动内容:①开发商届时介绍商业经营模式;②商业运营专家介绍招商方案;③商家代表发表进驻意向;④招商公司和YH开发商签订招商协议;⑤商家签订进驻意向;⑥抽奖。

活动八:奥运经济论坛(名人营销)

　　活动目的:①结合8月份北京奥运会这一社会焦点,将项目商业街与奥运会嫁接,赚足眼球;②邀请知名主持人和经济学家参加论坛,利用名人效应,迅速使商业成为全城关注焦点;③通过论坛展示中国经济发展前景,增强认筹客户投资信心。

　　活动时间:8月底

　　活动地点:五星级酒店

　　拟邀请嘉宾:①主持人:某知名主持人;②演讲对话嘉宾:经济学家2名,政府官员1名,奥组会官员1名(具体名单待定)。

　　活动议程:①嘉宾发表主题演讲;②主持嘉宾对话;③抽奖。

活动九:"我最喜欢的奥运冠军评选"及奥运冠军见面会活动

　　活动目的:借助奥运热潮,与《××晚报》联合举办"我最喜欢的奥运冠军"评选活动,掀起奥运热潮,极大提升项目认知度。

　　活动时间:①投票时间:9月底~10月中旬;②奥运冠军见面会:10月底

　　活动内容:①评选活动;②奥运冠军见面会;③抽奖活动。

　　投票办法:①奥运会结束后,连续在《××晚报》刊登楼盘广告并附投票表格;②与本地知名网站合作,在网络上开展评选见面会。

　　活动内容:①最喜欢的奥运冠军答案揭晓;②文艺表演;③抽奖。

活动十:中心景观开放活动——家庭趣味游园会

　　活动目的:①通过中心景观展示项目居住氛围,强化认筹客户购买信心;②促进老客户口碑宣传。

　　活动时间:11月底

　　活动地点:中心景观+售楼处外广场

　　活动形式:设计一系列趣味游戏,邀请已成交客户和认筹客户家庭参加,参加游戏可以赢取奖品。

　　奖项设置:以各种家庭生活用品为奖品

　　游戏设置:①趣味性;②可允许多人参加。

◆参考资料四：

"红日香舍里"促销组合策略[1]

（1）销售启动期:2006 年元月—4 月

①针对温州市场对 SY 地产品牌进行全方位重新打包宣传

突出 SY 地产多年来的发展和致力营造精品住宅社区氛围的理念,力求温州市民对 SY 地产的认同感;突出 SY 地产"红日香舍里"项目的产品给消费者以及新城区域带来的收益和影响;突出红日香舍里项目的客户群体定位。

②针对温州中高端房地产市场对红日香舍里进行全方位打包宣传

a. 突出该地块作为温州新城 CLD 生态人文社区的可行性;

b. 突出该地块潜在的升值空间;

c. 突出项目自身配套给居住和商业带来的影响。

（2）产品预热期:2006 年 4 月—5 月

①对产品进行打包宣传

a. 针对温州市场对产品的需求,就红日香舍里产品进行细分打包宣传;

b. 针对温州市场对项目环境进行打包宣传。

②路牌的设立:新城一块,施工现场一块,均为形象宣传和概念诠释;

③施工围墙打包;

④针对客户群体的预热小活动,并在后期进入排号、发放 VIP 卡。

（3）产品销售期:2006 年 6 月—12 月

①产品现场进行全面打包宣传;

②继续在媒体上以广告和专题报道（软文）对产品进行诠释;

③优惠性活动的延续。

◆参考资料五：

温州××房地产有限公司××湾项目[2]

1. 营销推广目标

（1）形象目标

通过营销推广树立"温州小户型精品楼盘、地中海风情社区"的项目品牌形象,同时提升××房产的企业品牌形象。

---

[1]来源:温州三角洲房产投资顾问有限公司

[2]来源:温州好望角房产策划机构市场部

（2）销售目标

通过行之有效的推广，尽可能多的积累有效客户，从而缩短项目销售周期，快速完成楼盘销售。

2. 营销推广主线

国六条政策实施后，温州 90 m² 小户型楼盘在沉寂了 8 年之后，又逐步融入市场，受到广大中等偏下收入阶层消费者的喜爱。本项目作为××房产贯彻执行国六条"90 m² 户型必须占到项目总建筑面积 70%"的第一个开发项目，其 90 m² 的三室两厅户型在温州市场属于首创，同时结合本项目的地中海风情建筑，好望角对于本项目的营销推广主线确定如下：

推广主线一：消费者需求主线——90 m² 三房两厅，创意空间无限享受

推广主线二：产品品质主线——源于地中海的生活蓝本

综上，好望角认为本项目的推广在基于以上两条推广主线的同时，必须通过户外媒体、平面媒体以及 SP 营销活动等，形成全天候、立体式推广，以取得社会的高持续、高强度、高频率的关注。

3. 推广阶段细分

根据项目工程进度以及制订的售楼部开放节点和项目开盘节点，我公司将项目整个营销推广分为五个阶段，具体如下：

第一阶段：项目市场试探期

[时间] 4 月初—5 月中旬售楼厅开放前，共一个半月

[内容] 启动临时售楼部，并开始准备宣传物料，借势中央公馆余威，逐步落实户外广告及报纸媒体的初步推广。

[目的] 项目形象初步展示、借势上位、前期客户积累。

第二阶段：客户积累高峰期

[时间] 5 月中旬售楼厅开放—7 月底

[内容] 围绕售楼厅的开放，全面发布项目核心信息。

[目的] 项目形象全面展示，全面开始积累客户。

第三阶段：入市准备期

[时间] 8 月初—10 月中旬

[内容] 扩大项目宣传度，高峰造势。

[目的] 项目客户积累达到顶点，为强势开盘做好一切准备工作。

第四阶段：开盘及持续旺销期

[时间] 10 月中旬—12 月中旬

[内容] 项目开盘，正式开始销售。

[目的] 尽快完成销售。

第五阶段：项目回火期

[时间] 视具体销售情况而定

[内容]采用软文跟踪的形式,保持一定的宣传度。

[目的]项目销售进入尾盘销售阶段,通过后续推广达到罄盘。

4.具体推广计划(内容已经简化,操作部分略去)

第一阶段:项目市场试探期(4月初—5月中旬售楼厅开放)

项目初步入市,主要目的为传播项目知名度,同时进行初步客户积累。具体表现为项目整体形象展示启动,项目细节内容在本阶段后期逐步导入。本阶段推广手段主要以户外广告为主,报纸软文为辅。

第二阶段:客户积累高峰期(5月中旬售楼厅开放—7月底)

项目推广全面启动,提高项目知名度,全面展开客户积累。具体表现为项目细节展示,项目生活理念诱导。本阶段推广手段主要以报纸广告和软文炒作为主,同时辅以SP活动。

第三阶段:入市准备期(8月初—10月中旬)

项目卖点全面展现,巩固以积累客户,为高调开盘做准备。本阶段推广以保持报纸广告及软文的高频率投放为主,同时辅以房交会及产品说明会。

第四阶段:开盘及持续旺销期 (10月中旬—12月中旬)

项目知名度达到空前提高,客户蓄势也达到巅峰,高调开盘,一举达到销售旺势。本阶段推广前期以强势报纸广告猛烈轰击市场为主,随后以软文炒作为主。

第五阶段:项目回火期 (12月— 视销售情况而定)

项目销售进入尾声,以软文和夹报再次炒热市场,完成销售罄盘。

5.营销推广费用预算

户外广告预算费用:39.00万元

四大报纸媒体广告预算费用:101.79万元

销售展示中心预算费用:60.00万元

项目网站建设预算费用:5.00万元

楼书及折页预算费用:10.00万元

沙盘预算费用:8.00万元

房交会预算费用:16.00万元

不可预见费用:10.00万元

总计:249.79万元

【实训组织方式】

1.组织学生依据给定的房地产开发项目,对项目情况与相应的市场状况、竞争状况进行分组讨论;

2.确定该房地产开发项目各销售阶段进度的安排,及每个阶段的销售活动重点与促销活动设计目标;

3.独立完成该房地产开发项目促销组合方案的撰写。

【实训时间】

实训时间安排为课堂 4 课时,课余 2 ~ 3 天。

【实训习题】

单项选择题

1. 房地产销售现场市场营销的最主要促销工具是(　　)。

    A. 广告　　　　　B. 人员推销　　　　C. 销售推广　　　　D. 宣传

2. 促销的实质是(　　)。

    A. 销售产品　　　B. 招徕顾客　　　　C. 树立形象　　　　D. 传播和沟通信息

3. 以下关于促销与营销的关系说法正确的是(　　)。

    A. 促销就是营销　　　　　　　　　　B. 促销是营销策略中的一个部分

    C. 促销是营销的发展　　　　　　　　D. 营销的重点是促销

4. 促销的主要任务是(　　)。

    A. 宣传与说服　　　　　　　　　　　B. 引起消费者的注意与兴趣

    C. 传递与组织有关的信息　　　　　　D. 促进消费者购买

5. 在建立顾客知晓方面(　　)的作用最大。

    A. 人员推销　　　　　　　　　　　　B. 广告

    C. 顾客的认识　　　　　　　　　　　D. 中间商的推荐

6. 将促销预算定在房地产企业有能力负担的水平上,这采用的是(　　)。

    A. 量力而为法　　　　　　　　　　　B. 销售百分比法

    C. 竞争平衡法　　　　　　　　　　　D. 目标任务法

7. 房地产营销中的公关活动也称为(　　)。

    A. 主题营销　　　B. 媒介营销　　　　C. 价格策略　　　　D. 事件营销

8. 在产品引导期和公开期,广告主题多以产品的(　　)为主。

    A. 物业管理　　　　　　　　　　　　B. 规划优势和地段特征

    C. 价格攻势　　　　　　　　　　　　D. 配套设施

9. 在楼盘的强销期和持续期,(　　)往往成为广告的主要内容。

    A. 规划理念　　　B. 地段特征　　　　C. 概念卖点　　　　D. 价格攻势

10. 灵活、及时、很好地覆盖当地市场、普及、可信度高是哪类媒体的优点(　　)。

    A. 报纸　　　　　B. 杂志　　　　　　C. 广播　　　　　　D. 户外

11. 人员推销最重要的任务是(　　)。

    A. 销售产品　　　B. 传递信息　　　　C. 提供服务　　　　D. 寻找客户

12. 企业确立提示性广告目标的目的是通过广告达到(　　)的目的。

    A. 使消费者偏爱和购买企业的产品

    B. 使消费者了解有关产品的信息

　　C. 消除顾客购买产品的后顾之忧

　　D. 使消费者经常想到本企业的产品

13. POP 广告是指(　　)。

　　A. 产品广告　　　　B. 促销广告　　　　C. 价格广告　　　　D. 售点广告

14. 房地产企业促销人员在展会现场向消费者免费赠送礼品的促销方式属于(　　)。

　　A. 广告　　　　　　B. 人员推销　　　　C. 销售推广　　　　D. 公共关系

15. 在房地产营销中,能最大限度刺激销售人员积极性的激励方法是(　　)。

　　A. 固定薪金加奖励　　　　　　　　B. 佣金制

　　C. 浮动工资　　　　　　　　　　　D. 固定工资

项目八
房地产广告策划

　　房地产广告策划是在广泛的调查研究基础上,对房地产市场和个案进行分析,以决定广告活动的策略和广告实施计划,力求广告进程的合理化和广告效果的最大化。好的房地产广告策划不仅能够进一步明确开发商的目标市场和产品定位,而且能够细化开发商的营销策略,最大限度地发挥广告活动在市场营销中的作用。

　　通过本项目实训,使学生了解房地产广告目标、广告媒体的主要类别,掌握媒体选择的基本技巧,广告诉求点和广告主题的确定,广告节奏的把握,掌握广告预算,效果评价,文案的写作技巧等内容。

【案例导入】

F16 战斗机[1]

　　1993 年 1 月,万通集团正式组建注册,注册资本金 8 亿元人民币。邓智仁的利达行受聘于万通,为万通新世界作推广和销售。邓智仁把在香港的成功经验搬到北京市场,做整版广告,派出销售员到北京的酒店、写字楼做直销,给"外企名录"上的公司打电话。

　　1993 年 11 月 19 日,邓智仁在《中华工商时报》首次隆重推出主题为"万通行动、蓄势待发"的公司整体形象宣传广告,以停在天安门广场上的 F16 战斗机作为背景,象征万通如同一架随时准备冲上云霄的飞机,正中间最醒目的地方赫然列出公司架构图。"驻足京城·举世瞩目·锐不可挡",这则广告在当时的房地产界投下了一颗

---

　　[1]来源:邓智仁的规定动作,中国经贸 http://www.wct.cn/,2005.11.15

巨型炸弹,至今仍为人津津乐道。紧随其后,邓智仁以飞机起飞的形象,推出的"万通新世界广场"广告,成为当时尚处于蹒跚学步阶段的房地产广告学习的样板,打出"京华震撼,独领风骚"的大气魄。然后以"金融地利,得天独厚"、"京城第一座最先进的智慧型大厦"的诉求明确地告诉客户,能获得地利优势,能拥有最先进的办公环境。1993年邓智仁在《中华工商时报》和《CHINA DAILY》上各打4次广告,两次企业形象,两次产品广告。两类广告在两份媒体上交替出现,形成了持续的广告攻势。

"当时北京还是外销房市场,购买群基本是外商,所以我们选择了《中华工商时报》和《CHINA DAILY》。然后在外国人能看到的卫星电视台上作了一个电视广告,广告设计是由我们自己的香港团队完成的",童渊回忆说,"我们知道在广告过程中要把握三点:一时间,二声势,三招数。时间上,抓住我们是第一个销售的写字楼;势头上是全方位的海陆空轰炸;招数上,使用产品投资回报打动客户,我们在广告上告诉客户,国贸的写字楼租金已达120元/(m²·月),而公寓也在65~85元。这种气势,很有震撼性的。当时媒体感觉傻了,房地产广告还能这样做? 但是我们告诉大家,在香港这是很平常的。"

万通新世界的销售,创造了北京房地产市场的一个奇迹。写字楼卖到了3 600多美元/m²,是当时市价的3倍……而广场12月24号才动工,11月初就销售了百分之七八十。

思考:万通的房产广告在销售过程中发挥了怎样的作用? 举例谈谈你最近接触过的印象较深的房产广告?

【基本知识要点】

1. 广告媒体的选择

(1)平面媒体

如报纸、杂志等。平面媒体具有信息量大、阅读率高、覆盖面广等特点,是房地产广告中常用的主流媒体。

(2)电视媒体

具有收视率高、诉求能力强、表现手段多样等特点,能将信息更形象、生动地传达至目标消费者。但费用昂贵,诉求重点不明确。

(3)户外媒体

包括路牌、霓虹灯、车厢广告等。户外媒体对于规模不大、人口流向集中的城市具有巨大的影响。

(4)广播媒体

虽然针对性差,但成本低、信息传播最快,可作为长期、高容量信息投放方式。尤其随着都市有车族的增加,车载广播将成为他们获取信息的重要途径。

(5)互联网传媒广告

时效性强,覆盖面广,声、像、色、图齐全,针对性强。如今,随着互联网网络的迅速发展,互联网传媒广告的作用也不容忽视。

(6)楼书、DM 手册、企业形象画册、宣传单、海报、样品屋、接待中心等都可作为传播房地产广告信息的工具

2.房地产广告诉求点的确定

广告诉求点,简单的讲就是广告本身要告诉受众的是什么。一般而言,房地产广告的诉求点是对产品买(卖)点的提炼与升华。随着房地产产品的生产和销售速度的推进,房地产广告在按照既定的广告计划,以一定的步调和周期进行促销诉求,针对不同时期、不同的消费者,诉求点的选取与表述也有所不同。可以说房地产广告的主题是利益诉求点,一个好的利益诉求点对房地产广告的成功能够起到促进作用。

(1)房地产广告的诉求方式

①理性诉求:强调消费者对产品和服务的功能性需求以及消费者拥有或使用该产品的优势与理由。

②感性诉求:与消费者购买产品及服务的社会和心理需求有关。

(2)广告诉求点运用的突出点

①在广告诉求中越来越强调配套设施。

②增加诉求点的人性化色彩。

③通过楼盘增加自身的品牌形象。

(3)房地产广告诉求点的选择

房地产广告中,诉求点的多少对广告效果起着决定性的作用,而且要有引导消费者的效果。因此,在诉求点的选择上,要以卖点对消费者心理产生的影响为主,并且要能够得体、流利的表达出来,且以统一的风格形式展示在所有的广告中。

(4)房地产广告诉求策略

根据诉求对象、诉求区域的特点,房地产广告可采用理性诉求策略,即通过真实、准确、公正地传达开发商或楼盘的有关信息或其带给客户的利益,让受众理智地做出决定;也可采用感性诉求策略,即向受众传达某种情感或感受,从而唤起受众的认同感和购买欲;当然还可用情理结合的诉求策略,即用理性诉求传达信息,以感性诉求激发受众的情感,从而达到最佳的广告效果。

3.房地产广告主题的确定

在完成项目卖点的挖掘后,将卖点精练为一两句话就形成了广告的主题。具体可以从产品定位、市场定位和营销定位 3 个方面来确定。

广告主题句:指用一句言简意赅、朗朗上口的句子概括出广告诉求的要点。它应该注意:

①其修辞要十分讲究,雅俗结合、恰到好处。

②主题句要有新意,能够朗朗上口。

③表达要得体,不失真实性。

4.房地产广告策划书的编写

（1）房地产广告策划书的内容

①广告环境分析；

②广告目标确定；

③广告对象确定；

④广告传播区域确定；

⑤广告主题确定；

⑥广告创意确定；

⑦广告媒介选择；

⑧广告费预算；

⑨广告实施策略和效果评估。

（2）房地产广告策划书的作业流程

①客户信息阶段。在与客户接触后，与客户充分沟通、详尽了解和研究客户信息，是本阶段的主要任务。

②作业准备阶段。在本阶段，项目负责人开始行使推进项目的职责，根据说明会备忘确定之原则，制订可行性的项目推动计划和策划前作业准备。

③策划作业阶段。在本阶段，由项目客户主管填写策划制作单，由客户总监、创意总监联合召集项目组成员、策划专员举行策划策略会议，根据与客户沟通和市场调查所接收到的信息，就项目的广告推进进行策略性的探讨研究。

④房地产广告表现作业阶段。房地产广告表现作业阶段是房地产广告流程的核心阶段之一，也是广告专业人员最核心的价值创造过程。本阶段中，主要通过动脑会议、创意表现作业、创意说明会、客户创意提案、创意修正和设计完稿等环节，达到包括广告脚本、报纸、海报、POP、促销品等一系列广告品的完成。

⑤执行作业阶段。广告的执行作业是指广告公司在完成广告的创意表现后，根据创意表现效果，进行制作、发布的过程。

【实训重点、难点】

广告诉求点与广告主题的确定，房地产广告策划方案的设计，房地产广告策划的撰写。

【实训项目选定】

根据所在地房地产市场实际情况，选择以下实训项目之一进行房地广告策划：

1.某房地产项目总体广告策略制定。

2.某房地产项目楼书、宣传折页的规划、撰文、设计与制作。

【实训参考资料】

◆参考资料一：

深圳 SG 广场广告方案[1]

1. 广告目标

[短期目标]

(1)进一步提高 SG 广场的知名度,提升其识别度和美誉度。

(2)造成市场轰动效应,用品牌造势,聚集买家目光,形成市场销售热点。

(3)着力塑造物业品牌与企业品牌两个市场亮点,使发展商借"SG 广场"这个精品项目巩固地产界名牌发展商地位。

(4)强力促销。

[长期目标]

(1)树立明确、正面的品牌形象。

(2)通过物业形象的推广,使企业品牌形象得到进一步确立。

(3)为企业今后发售物业奠定坚实基础。

2. 广告宣传总策略

(1)整合营销,全方位推广,形成立体交叉广告攻势。

(2)找到市场有效需求,然后用广告稳、准、狠地刺激和激发有效需求。

(3)品牌先导,形象跟进,强力消化。

(4)以"热销期"为广告轰炸重点,配合销售上升曲线不断重拳出击。

(5)借助前期广告余威借势造市。

3. 主卖点

(1)东南亚最大的电子通用产品专业市场。

(2)标志性建筑,知识经济时代象征。

(3)精确高效的物业管理网络。

(4)网络型写字楼信息枢纽中心。

(5)智能化楼宇办公管理系统。

(6)图文并茂的大屏幕信息发布系统。

4. 广告创意思路

本次广告宣传,处在物业的热销期,也即广告周期的成熟期,因此,广告的力度应该非常强,投放量要大、投放周期要高度集中。大力度、大密度投放(密集轰炸)就不能兵力分散,因此,我们将选择四大主卖点进行系列推出,对市场进行重磅出击。

---

[1]来源:中国广告人网站,www.chinaadren.com,2007.3.19

第一系列以创意性为主,讲究出人意料、情理之中的惊奇效果,手法出新,注重幽默和悬念,对市场和目标客户带来强烈的冲击力和震撼。

第二系列以直销式为主,将楼盘的主体形象合盘托出,不绕弯子,简洁明了,实话实说。

两种方式交叉运用,以期达到既有主调又有变调的丰富感和层次感。

5.诉求方式

分三步走:新闻预热→形象广告→促销广告

6.广告发布程序

(1)多用1/2版面形象加促销广告,造成市场目光聚焦,激发有效需求。

(2)每周五发一个小全版,保持销售力度、密度和温度控制。

(3)每周二发一个1/4版,与半版穿插配合。

(4)每半月一次软性报道,进行立体交叉攻势。

(5)每半个月搞一次促销活动,广告围绕活动展开重点主题攻击。

(6)每个月月末,出一个整版广告,整合各个卖点,再掀销售高潮。

◆参考资料二:

"湘艺苑"卖点界定[1]

1.项目本身的生活理念

(1)家在身旁,与工作地临近。

(2)自然入室,独一无二天然山地树林绿地。

(3)社区内宁静安祥、幽雅恬静的生活氛围。

(4)保安设施齐备,安全起居。

2."文化艺术"的设计理念

(1)艺术就在生活中,雕塑、园艺构筑小区。

(2)谈艺术不要出门,会所定期艺术展览。

(3)品位包围生活,文化名人与我们同在。

◆参考资料三:

房产十大广告语[2]

1.碧桂园——给你一个五星级的家

---

[1]来源:国星设计 http://www.gosung.cn,2005.12.25
[2]来源:中国地产广告十年金榜,中国广告人网站,www.chinaadren.com

2. 南国奥园——运动就在家门口

3. 祁福新村——精英卫星城

4. 现代城——SOHO 现代城

5. 蔚蓝海岸——中国高尚人文社区

6. 熙园——修身 齐家 报天下

7. 星河湾——一个心情盛开的地方

8. 阳光棕榈园——日子缓缓，生活散散

9. 世纪村王府——人生亦变，王府永恒

10. 四季花城——一个美丽的地方

◆参考资料四：

《北戴河聆涛园企划说明书》广告企划部分[1]

一、案名建议

主推案名：艺墅尊邸

案名解释："艺墅"谐音"艺术"，本案的运作方向今后将走向一种艺术化的表现方式，赋予度假别墅符合身份和阶层的象征文化理念是整体销控策划的重点。艺术，不仅赋予本案高素质的质感表现，更能迎合购买者对别墅概念和文化的追求。"尊邸"二字直接明了地划分开客户群体，在案名上体现本案基本定位是针对"精神贵族"度身打造的高档次产品。

整个案名字面表现上雍容尊贵，朗朗上口、亲切易记，又通过"墅"字的变换使用突出了产品定位，匠心独运。

第二主推案名：臻品

案名解释：臻：臻于极致，暗示本产品是顶级顶尖人士的专署。另"臻"与"珍"字谐音，臻品，可以让本案从案名上就自然划分出产品的档次定位，直接亲近产品目标客户，有效地为产品后期的推广提供便捷条件。

二、副推案名

盛世别苑，香榭艺墅，香榭园墅，异阳尊品，水榭山庄，华尔兹别墅，水岸别业，绝代风华。

三、广告总精神——豪门度假生活

直接、明了地诉求本案的利益点和产品特点——再现"豪门的度假生活"。由于本案未来将针对两种不同角度的客户进行宣传，一是购买本产品作为投资赚钱载体的投资客户，一是进驻做管理的企业高层，前者和后者都要看到产品的赚钱途径和效

---

[1]来源:中国策划设计网,http://www.china-chsj.com,2007.6.21

应。广告总精神提出"豪门度假生活"的定位,可以同时针对这两种不同身份和思考角度的客源进行点对点的直效宣传,更能够打动一些有度假计划的潜在酒店客源,达到一举三得的效果。

◆参考资料五:

东润枫景广告文案欣赏[1]

一、东润枫景户外广告创意说明

楼盘户外广告,作用是传播楼盘整体形象。东润枫景的传播定位是:发现生活的真意——这是纯生活的地方,完全抛离了压力,呈现艺术而品位的生活。

所以,本创意选取名油画《大碗岛星期天的下午》、《草地上的午餐》和《枫丹白露的早晨》为主画面,感性地渲染出一种优雅迷人的生活环境和方式。配合标题"这里有生活,有艺术,有美,唯独没有压力",点明小区是高级灰(高级白领)式纯生活。

我们深信,以高级白领的语言(油画、优雅的设计风格)和让人感动的生活观点,可以很好地与目标消费者沟通,得到他们的认同和好感。

二、报纸广告创意

(规划篇)

引文:有根的稳固着 无根的流浪着

标题:东润枫景 发现居住的真意

正文:东润枫景,位于东四桥与亮马桥交汇处,燕莎城东 2 500 米,一片叫枫丹白露林的地方。她占地 26 公顷,西傍朝阳公园,南连 228 公顷的城市绿化区,与东四环路之间是百米宽的绿化带。北美格调的社区,为加拿大 B + H 公司的国际设计师呕心之作。这里有生活,有艺术,有美,唯独没有压力。

(交通)

引文:生活,就是要把时间浪费到美好的事物上

标题:工作与生活——2 500 米

正文:东润枫景北距四元桥 2 千米,西临东四环,距首都机场高速公路仅 2 千米,到燕莎城不过 15 分钟车程,多路公交车将小区与城中繁华地轻松相连。居住在这里,距离和交通的意义,就是能省下尽量多的时间,去享受生活。随着东四环的开通和 WTO 临近,东润枫景成为 CBD 居家投资的魅力之城。

(人文)

引文:东润枫景印象——咖啡、音乐、书、画

标题:这里,品味与品味为邻

正文:人选择住宅,住宅也选择人。专为 CBD 白领而诞生的东润枫景,以清新的

[1]来源:余源鹏.房地产广告策划与创作[M].北京:中国建筑工业出版社,2005.

环境、闲淡优雅的生活气氛和现代的气息,吸引了许多城中精英来这里定居。外表和职位不能代表的人文素质,在这里时时可以感受。

◆参考资料六：

YL 花苑广告计划节选[1]

一、广告媒体策略

1. 媒体选择

不同类型的媒体在其传播功能上各具优势,也各有缺点。因此,取长补短,进行合理搭配,优化组合,就成为决定广告投放效果优劣的关键。

在消费者获取信息的途径方面,调查结果显示:报纸是房地产广告的主要媒体,而口碑即熟人朋友的推荐也有相当重要的地位,其他途径各具特色。

根据上述研究结果及 YL 花苑的自身特点,我们拟选择以下媒体组合：

主要媒体	报纸、电视
次要媒体	单页、楼书、工地围栏、售楼处、展板
辅助媒体	小礼品、手提袋

2. 媒体发布计划

---

[1] 来源:中国地产智库 http://www.kfs888.com

（1）报纸

我们对《××日报》2002年1—6月房地产广告投放情况作的统计结果表明（共399份）：在广告投放时间上，主要集中于星期五（102份）、星期三（80份）、星期二（75份）、星期一（73份），星期六投放率最小（仅为10份）；在广告篇幅方面，以1/2版居多（181份），其次为1/4版（145份）、整版（65份）。

以上数据显示，星期五历来是房地产广告的黄金时间，因此建议YL花苑的报广投放时间以星期五、星期一、星期三为主，吸引更多的眼球。

广告分期	投放比例（%）	投放时间	投放频率	版　面	广告内容
加热期	35	星期五、星期一	一周一次	1/2版、1/4版	感性诉求为主
沸腾期	45	星期五、二、三	一周二次	1/2版、1/4版	理性诉求为主
延续期	20	星期五	随机	以1/4版为主	随机

广告加热期（2002年12月—2003年6月）具体的投放安排如下：

年　度	时　间	主　题	标　准	时　间	主　题	标　准
2002年	12月25日	同学篇	彩色1/4版	12月27日	朋友篇	彩色1/4版
	12月30日		彩色1/4版			
2003年	1月3日	姐妹篇	彩色1/4版	1月8日	父母篇	彩色1/4版
	1月10日	方向盘篇	彩色1/2版	1月14日	顺字篇	黑白1/2版
	1月17日	星系篇	彩色1/2版	1月22日	旺字篇	彩色1/4版
	1月24日	顺字篇	彩色1/2版	1月27日	高字篇	彩色1/2版
	1月29日	旺字篇（贺年版）	彩色整版	2月10日	顺字篇	彩色1/2版
	2月14日	星系篇	彩色1/4版	2月17日	圆规篇	彩色1/4版
	2月21日	高字篇	彩色1/2版	2月24日	方向盘篇	彩色1/4版
	2月27日	圆规篇	彩色1/2版	3月3日	高字篇	彩色1/2版
	…	…	…	…	…	…
	6月13日	高字篇	彩色1/4版	6月25日	白云篇	彩色1/4版

注：以上投放安排只是初步计划，仅供参考。根据YL花苑的实际工程进展及销售情况，将适时做出相应调整。沸腾期和扫尾期的投放安排计划，将在前一期投放结束前拟订。

（2）电视

根据电视媒体所具有的特点，我们认为，电视广告应在宣传活动的前期投放，起到告知性的作用。通过在黄金时段的反复播出，使消费者形成有效的视觉记忆；然后再利用其他媒体进行全方位的沟通与说服。因电视媒体费用较高，我们采用10秒版的广告，在短时间内密集轰炸，效果更好。Z电视台是我们投放的主要媒体。对"Z视"收视率的调查结果显示：周末的综艺栏目、港城新闻、天气预报、影视剧等节目的收视率较高；而财经信息频道虽然收视率不高，但其中的房源信息吸引了大量的潜在

117

消费者,这正是我们的诉求对象。综上所述,我们将作出如下投放安排:

广告分期	广告方案	电视台	投放时段及频次
加热期	形象篇	Z视有线台	每天中午、晚上各播出一次,节假日可适当增加
开盘前一个月	形象篇,游动字幕	Z视4频道	在GC新闻和天气预报前后各播出一次
		Z视有线台	每天中午播出一次
沸腾期	形象篇	Z视4频道	在GC新闻和天气预报前后各播出一次
延续期	形象篇	Z视有线台	随机

(3)楼书　共印制3 000套

(4)围栏　2.5米×1.5米×15块

(5)手提袋　制作1 000只

二、广告预算

项目说明	开支内容	费用(万元)	合计(万元)
市场调研费	张家港房地产市场调研	0.6	
设计制作费	电视广告片/平面设计/其他	2	
印刷费	楼书/单页/围栏	2	
媒体购买费	电视/报纸	63	79.5
服务费	有关人员的交通、差旅、加班、通讯等	1.5	
机动费		5	
促销活动费	产品说明会/购房大抽奖活动/住房交易会	5万	

说明:本表为广告预算,今后各项开支以此为依据,不会有大的浮动,最后以实报实销方式结算。

三、广告效果预测与评估

(1)预测　广告主题测试、广告创意测试、广告文案测试

(2)评估　采用AEI法

【实训组织方式】

1.由教师选定本地区待开发房地产项目,或异地推广房地产项目;

2.小组交流讨论项目的广告目的、宣传策略、主要卖点等;

3.完成该项目的广告策划书撰写,制作PowerPoint课件,并由小组代表在全班演示并解说;

4.针对项目进行楼书、宣传折页的规划、撰文、设计与制作,打印初稿张贴展示。

【实训时间】

实训时间安排为课堂4课时,课余3~5天。

【实训习题】
一、单项选择题
1. 就房地产销售而言,广告预算大致应该掌握在楼盘销售总金额的(　　)。
　　A. 0.5%～1%　　B. 1%～3%　　C. 3%～5%　　D. 6%
2. 广告目标确定必须以(　　)为基础
　　A. 营销决策　　B. 活动资金　　C. 市场状况　　D. 市场定位
3. 某房地产公司举办年度酒会并邀请知名作家的出席,这属于哪种广告类型(　　)。
　　A. 形象广告　　B. 观念广告　　C. 促销广告　　D. 公关广告
4. 广告的最终目的是使消费者(　　)。
　　A. 购买产品　　B. 获得信息　　C. 认识产品　　D. 视觉享受
5. 集中于一段时间发布,以短时间内迅速形成强大攻势的广告属于(　　)。
　　A. 集中型广告　　B. 连续型广告　　C. 间歇型广告　　D. 脉动型广告
6. (　　)是广告对消费者最基本的功能。
　　A. 教育功能　　B. 诱导功能　　C. 认识功能　　D. 动机功能

二、简答题
1. 房地产广告的效果能真实并准确地评价吗? 试举几个广告效果测定方法。
2. 简述房地产销售过程中有哪些主要的广告策略?
3. 如何根据房地产的销售进度安排广告费用?
4. 影响广告媒体选择的因素有哪些?

项目九
房地产销售推广策划

实训导引

　　在激烈的房地产市场竞争条件下,仅有准确的房地产产品策划、合理的价格策略,没有高效、理性的促销活动,房地产的营销工作仍然是不完整的,房地产项目的销售也不可能达到理想的效果。通过本项目的实训,在熟悉房地产的主要促销方式类型及其特点的基础上,能针对房地产项目的特点对促销方式进行选择。确认房地产项目可选的促销方式有哪些,分析其对房地产项目的促销作用,并明确房地产促销在房地产企业营销活动中的作用。

【案例导入】

富力名盘欢乐促销[1]

　　著名品牌房企富力地产集团旗下 9 大名盘在 2003 年"五一"假期取得 1.5 亿元销售佳绩,并在节后第一周取得销售 6 000 万元的不俗战果后,于"六一"儿童节期间再度强势出击,以多种促销欢庆活动争俏广州楼市。

　　富力旗下全江景地中海风情园林社区——富力碧涛湾将于 5 月 23—25 日在小区内举行大型现场展销会,全力推介其"海悦攀天"全江景楼皇单位。购房配送广州蓝印户口指标的富力碧涛湾现推单位为全现楼,均价每平方米 4 500 元,附送每平方米 600 元豪华装修。展销会期间落定的买家,还可获赠健康滋补礼品篮或价值 1 000元的购物礼券。

　　富力顺意花园隆重推出二期"天娇一代"单位,均价每平方米 4 400 元,同样附送豪华装修。富力阳光美居推出均价每平方米 4 000 元,并附送每平方米 680 元豪华装

[1]来源:南方网—南方楼市 http://www.southcn.com/estate/

修的 C1—C2 栋准现楼单位,且在活动期间推出"折上折优惠"——买家在 9.5 折基础再打 9.4 折。

富力广场则在 6 月 1 日隆重推出"锦上居绿生活儿童欢乐派对"——于锦上居新落成平台主题园林举行游艺、美点派对。同时,富力广场还加推 20 套一口价单位酬宾,折扣高达 8.5 折;并推出全荔湾湖景 D6 单位限量接受内部认购;5 月 25 日前认购住宅或商铺,还有机会获得价值 1 000 元消费金卡;旧业主成功介绍新业主,可获一年管理费。

思考:案例中用到了哪些促销手段? 房地产常用的销售推广方法有哪些?

【基本知识要点】

1. 房地产销售推广概述

通过采用不属于广告、人员销售、公共关系的那些促销活动,直接针对房地产商品本身采取促销活动,它可以刺激消费者采取租购活动,或刺激中间商和企业的销售人员对销售采取积极的促销方式。

(1)销售推广的优点

①即期效应。销售推广历时短暂,开发商通过向目标顾客提供短暂的强烈诱惑,诱导顾客迅速采取购买行为。

②形式多样。销售推广是各种各样的促销活动组成的,开发商可根据不同的房地产特点、不同的营销环境、不同的顾客心理等条件加以选择和运用。

③冲击效应。能使销售推广的对象有强烈的趋势动力去实现企业期望的目标。

④抗争性强。销售推广已不仅是解决销售困难的应急之措,而是进行竞争的必要手段,是开发商增强竞争力的重要方式。

⑤灵活性强。对于销售推广的应用和实施,开发商可以根据企业自身情况、市场情况灵活运用。

(2)销售推广的缺点

①损害楼盘自身形象。楼盘长时间使用一种促销方式,更会使顾客认为楼盘因质量问题,或者功能、滞销等问题而降价,反而损坏楼盘自身形象。

②易被竞争者模仿。销售推广非常容易被竞争者模仿,策划更应有创意,先声夺人,力求在短期内取得成功。

③伤害老顾客。销售推广的实质是降价或变相降价,可能会使先期购买者的心理产生不平衡,从而产生负作用。

④非连续性。开展销售推广的活动费用高,又是一种让利行为,因此不能连续不断地经常采用。

(3)房地产销售推广的类型

①刺激购买欲望的销售推广。指针对购买者的销售推广方式,通常有有奖销售、分期付款等类型。这种方式的销售推广冲击力强,市场影响大,针对性强。但这种销

售推广方式物质利益明显,企业以让利为代价,减少了利润空间。

②建立客户信任的销售推广。这是以扩展企业影响,解答客户疑问、推广项目亮点,增进客户信赖并刺激购买欲望的销售推广方式,如房展会等。它的优点是销售隐蔽性强、促销规模较大,易获得购买者信任,缺点是成本较高。

③调整中间商销售的销售推广。由于中间商可以代理多家开发商的产品,因此,必须对他们进行必要的激励,以调动其销售的积极性。此方式优点是有利于开发商同代理商之间的协调与合作,缺点是易造成同行间的竞争,管理难度增大。

④消除销售障碍的销售推广。开发商的销售障碍可能来自多方面,如销售员积极性不高,项目内各小组之间缺乏应有的配合等。为此,企业可以开展以消除这些障碍为目的的销售促进,如销售收入与销售数额挂钩,这种方式激励性强、针对性强、企业管理较方便,缺点是销售成效标准单一,造成售楼人员过于追求销售业绩而进行夸大宣传,对企业形象造成负面影响。

2.房地产销售推广方式

(1)房地产销售推广常用方式

①价格折扣、折让。主要有免去部分物业管理费,免付开发商贷款利息或代付贷款利息等价格折让的销售推广方法。

②赠送销售。主要是指附赠品,即在顾客购买或租赁特定房地产,赠送给顾客另一种产品,以刺激该房产的销售。

③有奖销售。指对在促销期间购房者按一定的比例抽奖。

④"噱头"销售。主要目的是吸引消费者前往售楼处参观、咨询。

⑤销售奖励和销售竞赛。主要是为了推动中间商或销售人员努力完成推销任务而使用的一种促销方式。

⑥展销会和推介会。通过参加各种形式的展销会或组织推介会来促进房地产产品的销售。

⑦联合促销。联合促销是指两个以上的企业或品牌合作开展促销活动。

(2)房地产销售推广特色方式

①无理由退房。

②返租回购。

③先租后卖或试住促销。

④保价销售。

3.选择房地产销售推广方法应考虑的因素

①销售推广的目标。

②房地产的类型。

③房地产市场环境。

④竞争情况。

⑤销售推广费用预算。

4.房地产销售推广方案

①界定销售推广策略的目标。

②选择销售推广工具。

③确定销售推广规模。

④设计销售推广时间进度。

⑤安排销售推广预算。

5.尾盘与滞销楼盘销售推广

房地产行业习惯上把销售完成70%以后剩余的房源称为"尾盘"或"尾楼"。滞销楼盘指由于开发商初期市场定位不准,或楼盘定价超过其价值,或其他原因,导致楼盘一推向市场就卖不动。

(1)影响尾楼与滞销楼盘的销售因素

①楼盘自身因素,包括自身设计问题和市场定位偏差。

②开发商营销水平低下,缺乏先进的销售方法和促销手段。如楼盘推出时机不当、营销推广不力、开发商缺乏实力、整体控盘有失平衡。

③开发企业的指导思想问题,如"急功近利"的思维方式和行动取向。

④地域性市场限制和消费者的置业心态,包括地域性市场限制、选址错误、消费者的置业心态。

⑤新的竞争对手的出现。

(2)尾楼与滞销楼盘的销售策略

①降价策略。明降,如广告"大降价、大让利",或"一口价、统价销售";暗降,即"隐性降价",如降低首期款、送礼包、免若干年的物业管理费、送面积等。

②重新定位。如改进产品功能或市场重新定位。

③创新营销手段。换一种思维方式,创新营销手段,以达到销售的目的。

④制定目标各个击破。对每一套剩下的房子都进行仔细研究,与周围楼盘比较,提炼出其优点,找出缺点,制订详细的突围计划,提高销售的成功率。

【实训重点、难点】

掌握房地产销售推广的概念与特征,掌握销售推广策划程序和各种楼盘的销售推广方式,掌握尾楼与滞销楼盘的销售策划技巧。

【实训项目选定】

根据所在地房地产市场实际情况,选择下面实训项目之一布置房地产销售推广策划任务。

1.针对所在地区的特定楼盘或项目销售缓慢的具体情况,制订一个行之有效的销售推广方案。

2.现有一大型房地产项目,为二三线城市的大户型住宅,试用所学销售推广的知识,探索最佳的销售推广方案。

3.获取本地某滞销楼盘的信息,调查楼盘滞销的原因,为该楼盘的开发商提出滞销盘营销推广策略。

【实训参考资料】

◆参考资料一:

买房子赠什么?[1]

1.买房子赠一头猪(英国)

英国高档房地产开发商杰里米·帕克斯顿承诺,任何购买位于格洛斯特郡赛伦塞斯特市附近的 Lower Mill 住宅区物业的顾客,都可获得一头宠物猪作为礼物。当然,他们也可以选择把宠物猪寄养在农场里,甚至变成鲜美的猪排或火腿片。

2.买房子赠手枪(美国)

朱莉·厄普顿是美国得克萨斯州休斯敦的一名房地产经销商。为了提高业绩,厄普顿没有采取赠送加油卡或购物礼券等传统促销方式,而是在当地警察部门的刊物上登广告称,只要从她手里购买一套价值超过 15 万美元的房子,就能获赠一把价值 500 美元的手枪。不过,购房者必须是执法人员。

3.买房子赠轿车(韩国)

韩国双龙建设称:"为纪念公司创立 30 周年,将在一月内向所有'双龙艺家'和'Platinum'住宅楼签约购买者赠送一辆小型轿车(曼蒂丝)。"此外,首尔、京畿道、釜山、庆尚南道、光州、大田等地区,双龙建设出售的所有住宅楼、商住两用房,以及南山和洞滩 Platinum、大邱泛鱼洞和光州金湖洞及金海长有等地的购房签约者也将免费得到一辆轿车。

4.买房送美女(广州)

一家除了买房送装修,还写着"买房送美女"!宣传册上还摆上了不少美女照片,个个都是如花似玉,还特别注明了只限单身人士。

售楼工作人员带客户实地参观了房间,果然每套房都有一位美女,一位小伙子忍不住向工作人员问道:"如果我真买下这套房,这美女真送给我吗?"工作人员笑道:"当然送给你,只要你买下这套房,我们将郑重地介绍她给你认识,并给你们安排一个浪漫的烛光晚餐,给你创造一个美好的开始,这以后就看你的能耐了,要是你能追求到这位美女,美女当然就归你了……"

5.买房送工作(上海)

上海某公司最近的一个"安居乐业"的活动,提出买房送工作——凡新购买其住

---

[1]来源:根据各媒体报道资料整理而成

房的业主,将有机会由该公司安排一份适合的工作。

楼盘坐落于遥远的松江大学城,也许大学生最近都苦于找实习给了点启发,开发商一下子脑筋动到了找工作上,推出"安居乐业"活动——买房送工作。

报纸上说,公司推出的岗位有121个,月薪从960~25 000元不等,有招保安的,也有招总经理的,只要你交完5万元定金,就可以获得一个面试机会。当天面试,两天后给回音,不能录取,定金退回,面试合格,签个两年合同。

6.买房送老婆(北京)

北京某楼盘发出短信广告:"买房送老婆!抄底7 188元起,首付20%……"有网友则指责广告低级趣味,也有网友开玩笑说:"买两套去,要俩老婆"。"您要是下午两三点钟打电话过来,基本进不来。我们接到的电话以买房为主,也有要找老婆的,单身男性居多。"2008年12月17日下午,楼盘销售人员解释。销售人员表示,"买房送老婆"不是白送个老婆,而是"买房送给老婆"的意思。

◆参考资料二:

推广"纳金计划"[1]

"纳金计划"之一

围绕投资理财概念,制订投资××大厦的低投入高回报的推广核心。比如,我们可以先期联系一些租赁客户前来租赁房屋,等大厦建好后,将租约无偿转给购房者。在媒体上可以描述:我们的房子是带租约销售的。让客户形成这里已经租赁抢手的观念认识。

"纳金计划"之二

开盘当天,针对前来落定买房的客户提供全套精装修,在购买发生时,可以通过交谈询问客户在空间设计的喜好,设计不同风格的装修标准。装修材料与人工成本,作为开发商具有集团背景优势,所费并不是很多。

推广手法上可以描述为:你的商务空间,由你来设计!

附带可以详细说明活动的具体计划及安排,让真正成交的客户在接受我们的服务后,感到满意,带动他们在第二宣传渠道上的自主性。

"纳金计划"之三

开盘前后,提出低首付概念。

比如,在开盘报广上,告诉目标群,在开盘后一星期内(或者其他时限内)前来购房者将享受5%(或者10%)的低首付政策。目的是增加项目渗透力,促成销售,提高项目人气。我们都知道,地产项目如果没有人气,将会是市场的牺牲品。我们要做市

---

[1]来源:北京华杰大厦推广策划,中华策划网,http://www.cehua.com.cn

场的先驱,而不是先烈。

说明:以上活动计划,客户只能从中选择一个优惠计划,而不能多种选择。

1. 现阶段推广建议

A. 目标客户分析——(客户细分/来源结构/第一目标群/自用客户)分析中表述,首批客户就在附近,所以项目现场包装及地域周边户外广告/路标标识将是广告重点。

B. DM 广告的制作及派发也将直接影响现阶段推广效果。

C. 针对现在已经订购客户或开盘前落定的客户,统归为老客户。以现阶段至开盘期间,制定比较优惠的附加政策,比如,在开盘前买房者将免交 1～2 年物业费,或者赠送家用电器等有实际效用的促销手段。

2. 开盘日期/促销建议

A. 建议开盘日期定在 9/10 月份左右,在房展会期间同步推广开盘活动和报纸广告。因为每到房交会期间,都是顾客比较关注地产动态的集中时段。

B. 利用房展会作为优惠政策实施的平台,可提出集团购买享受价格折扣的实惠。操作时可根据以 2 户、3 户、5 户、10 户等单位或者个人统一订购给予不等的优惠折扣,尽量争取到最大的购房份额。

C. 针对开盘前已经订购的老客户,推出"重奖销售",老客户介绍新客户成交,一是奖励老客户定额现金,或者免老客户 1～2 年停车费。同时,新客户可享受 1 折左右优惠。

D. 开盘/房展会期间,可以以 10 或者 15 户为一个单元,推出分别为 3 万(1 名)、2 万(1 名)、5 千(3～5 名)的抽奖活动(老客户和新客户同等具有抽奖资格)。

◆参考资料三:

花好月圆促销活动提案[1]

促销活动目的:在整个营销推进过程中,特别是从 8 月份到 11 月份开盘之前的阶段,产品品牌的树立、告知、传播。制造传播高潮,针对特定目标消费群,进行产品特色、产品形象凸现,促进销售。

促销活动分两大块:

长线:组织长期的统一的活动主题,贯穿楼盘整个销售周期,以固定的内容多种形式出现。

节点:针对销售人员入场、开盘、结构封顶等楼盘重要时点,充分利用产品质的飞跃,进行一些活动,强化树立品质品牌形象,促动销售。

---

[1]来源:上海春之声置业有限公司,房策网,http://www.fangce.net

长线和节点的活动主要在于针对准目标消费群展开,点线活动相互交融,贯串而行。

一、长线活动

1.“百年好合梦圆花好月圆”组合宣传活动

目的:以推广名为线,为契合花好月圆的企划精神,便于整个楼盘的营销主题的推广。营造独特的社区文化,形成良好的传播效应,树立楼盘品牌。

内容及形式:

①全市范围内征集评选对象,要求婚龄达到 10 年以上,夫妻感情合睦,有感人事迹为佳。

②建立周全的评奖方案,严格按该方案制度评出大奖一名,奖品为房子一套;纪念奖十名,送孩子教育基金 1 500 元。

③大奖获得者将成为花好月圆的“形象大使”,参与各媒体的广告宣传及有关公关活动。

2.组建装修房方案

目的:针对市场空缺适应新潮流,引起轰动。根据特定客户群的需求制造有力卖点,打动客户促进购买。

内容及形式:

①从一期房源里挑选 2—4 幢作为全装修房,联合知名品牌装潢公司制订较为合理的菜单式装修方案,可供客户挑选。样板房的装修可协商由装潢公司承担,从而发展商达到费用开支的节省。

②装修费用打入房款进行组合贷款,为购房者减轻购房时的资金压力。

3.设立特惠房

目的:针对本区域大多数消费者购房的心理特征,增加购房者咨询看房人数,制造火爆场面激活销售。

内容及形式:

①利用抗性房型分批推出,价格要求明显低出周边市场上的最低价。

②在报刊广告宣传时设立“特惠房”窗口,并指定户型。

二、节点活动

1.接待入场庆典活动

时间:8 月 18 日(星期六)

目的:引起业内外注意,逐步形成广泛流传

内容及形式:

①邀请系统单位、关系公司等到场祝贺及观摩庆典。

②聘请乐队渲染气氛,前来祝贺人员获得礼品。

2.开盘公关活动系列

系列一　花好月圆开盘活动仪式

时间:开盘日

地点:南方商城

目的:渲染开盘热潮

内容及形式:

①花好月圆全新亮相,领导剪彩及各级领导发言等。

②邀请各大媒体机构记者举行新闻发布会。

③现场发放礼品及纪念品。

配合备案

活动目的:配合开盘典礼,活跃气氛

活动地点:南方商城广场

活动内容及形式:邀请知名夫妻演员进行艺术表演活动。

系列二　花好月圆幸运树认领活动

时间:样板区完工

目的:滨河样板区的亮相,树立楼盘生态的、健康的形象概念。

形式与内容:划出一部分小区花园和样板区,限定名额,报名参加该活动的家庭举行正式认领仪式。为自己,为孩子,为爱人认领一棵富有象征意义的幸运树。树上挂一铭牌,标明认领人姓名、时间等内容,同时现场举行酒会。

3.房展会活动系列

系列一　"身临其景"

时间:10月房交会

目的:突出楼盘优势,积累客户,促销

地点:房交会会址

形式与内容:房交会展台的布置上,采用草坪铺地,配以植物花卉等,突出本楼盘绿化优势,以楼盘与众不同之处吸引消费者。

系列二　"看房有礼"

时间:10月房交会

目的:吸引客户到现场看房,活跃气氛,促销

地点:世贸商城房交会会址和现场售楼处

内容及形式:

①房交会期间到现场看房者可领到小礼品一份。

②房交会期间付订金者可参加抽奖活动。

【实训组织方式】

1.以小组配合分工开展特定房地产项目销售推广方案的设计。

2.组织学生对该项目的促销方案进行讨论。

3.学生各自查阅资料,设计促销策划基本框架,撰写房地产销售推广策划报告。

4. 制作 PowerPoint 课件在全班演示,说明销售推广方案策划的思路与效果预测。

5. 针对同学的方案提出抗性疑问,展开讨论。

【实训时间】

实训时间安排为课堂 4 课时,课余 2～4 天。

【实训习题】

单项选择题

1. 以下(　　)属于房地产销售推广策划的范畴。

　　A.公关促销　　　　B.广告促销　　　　C.人员促销　　　　D.抽奖促销

2. 关于销售推广的缺点,下列说法不正确的是(　　)。

　　A.销售量不稳定　　　　　　　　B.损害楼盘自身的形象

　　C.被竞争者模仿　　　　　　　　D.伤害老顾客

3. 开发商的促销手段不包括(　　)。

　　A.概念类　　　　　B.产品类　　　　　C.设计类　　　　　D.作秀类

4. 奖励是指针对(　　)的销售推广。

　　A.房地产开发商　　　　　　　　B.房地产中间商

　　C.房地产广告商　　　　　　　　D.房地产消费者

5. 某房地产开发企业与某轿车销售公司协商,购房可以优惠价购轿车,属于(　　)。

　　A.赠送销售　　　　B."噱头"销售　　　C.有奖销售　　　　D.联合促销

6. 高级别墅项目销售比较适合采用的销售推广方式有(　　)。

　　A.赠送电饭锅　　　B.免费午餐　　　　C.鸡尾酒会　　　　D.整版广告

7. 以下不是房地产销售推广特点的是(　　)。

　　A.方式灵活多样　　B.针对性强　　　　C.效果明显　　　　D.长期性

8. 项目开盘后第一个月成交了 2 套,第二个月成交了 1 套,则该项目称为(　　)。

　　A.尾盘　　　　　　B.尾楼　　　　　　C.滞销盘　　　　　D.积压盘

项目十

房地产项目主题概念与形象策划

实训导引

在当今激烈的房地产市场竞争中,企业更注重房地产项目的内涵建设,将房地产的竞争从户型、价格、地段、环境等方面转入到了文化和生活方式方面的竞争,为房地产赋予主题概念,策划设计整体形象成为常态。通过本项目的实训,要求掌握房地产主题概念设计的依据与要求,利用主题概念提高楼盘的附加价值,提升项目的整体形象,会进行房地产项目的命名策划与整体形象包装策划。

【案例导入】

广州奥林匹克花园[1]

1999 年 7 月 8 日,广州奥林匹克花园正式推出首期,引起业内轰动,有许多顾客提前 3 天开始排队购买,一举成为广州乃至全国的超级楼盘。广州奥林匹克花园的销售成功,被誉为"复合地产"策划的里程碑。广州奥林匹克花园在运用房地产领域内各种策划手段的同时,吸收体育业的最新理念和手段,两者相互嫁接、复合,浑然一体,突出"奥园"、"运动就在家门口"的主题,体现"运动型、健康型"的生活方式,迎合顾客购房就是购买"健康"的消费心理。

当初,奥林匹克花园创始人想法非常简单,尝试把体育和房地产住宅嫁接,结出奥林匹克地产品牌,其最大的优势在于营销层面:凭消费者对奥林匹克的认知程度,奥林匹克花园很容易先入为主,吸引眼球,宣传成本大大降低。1999 年,当中体产业总经理吴振绵与中国奥林匹克委员会签署关于奥林匹克五环标志和名称版

---

[1]黄福新.房地产策划的历史回顾[J].城市开发,2003.1

权使用协议时,这一颇具创新意味的想法并没有引起地产界太多的注目。一年之后,奥林匹克花园相继在广东南国、番禺、广州三地开盘,销售现场的火爆超出所有人的意料。短短 3 个月,奥林匹克花园所有楼盘售罄,创造了中国房地产的销售奇迹。

思考:广州奥林匹克花园被注入了什么概念? 查阅有关资料说说本案是如何塑造选定的主题概念的?

【基本知识要点】

1. 房地产项目的主题概念

(1)房地产项目的主题概念的含义

所谓房地产项目的主题概念,是指某一识别的内容、涵义和预期形象。主题概念就是房地产产品与品牌的核心内涵。

房地产项目的主题概念对项目而言,是联络全案的一条主线,也是统领全局的制高点,更是项目运作围绕的中心思想点。

(2)房地产项目主题概念的作用

①促使房地产项目品牌化,提升其知名度和美誉度。

②强化买家对房地产项目的印象。

③指导房地产项目的后期发展方向。

(3)房地产项目主题概念设计的主要依据与要求

房地产项目主题概念的设计应依据项目的市场定位,在充分利用市场调查问卷以及访谈调查等结果基础上进行。注意以下几个方面的要求：

①导入的概念应符合消费的需求层次要求，应符合潮流和时尚。

②导入的概念不能过于专一，应针对具有一定规模的消费人群，并且这群人有一定的购买能力。

③导入的概念在规划设计、销售推广以及物业管理等方面应有可演绎和发挥的空间。

④主题概念既立足现实、符合时代步伐，又具有可持续性与超前性。

（4）房地产项目主题概念的演绎

在房地产营销策划过程中，提炼出的项目主题概念必须有足够的内涵深度，有足够的外延广度，有足够的境界高度。在这一主题概念下，根据销售阶段的不同，用不同层次的主题概念进行阐释，使项目品牌得到整合。

项目主题概念的支持体系包括区位、生活方式、社区服务、购买方式等4个主要因素。其中包括价位、建筑风格、社区格局形态、景观设计、环境绿化、物业管理、市政设施等硬件要素，顾客的生活方式、购买方式、社区文化和治安环境等软件要素。一个项目离开了主题概念支持体系，就没有了主题概念，也就没有了灵魂。

2. 楼盘命名策划

楼盘的名称即案名，有两层意思：第一层是称谓、代号；第二层是荣誉、声誉或头衔之类。

（1）楼盘命名的意义

①市场核心定位的反映。楼盘名称或文化底蕴与楼盘定位紧密相关。

②面向市场的第一诉求。一个极具亲和力、给人以审美愉悦的楼盘名称，会强化置业者的第一印象，成功的案名使全程策划与营销战略事倍功半。

③给置业者心理暗示。案名的第一印象，贯穿于房地产营销的始终，它的功能性、标识性、亲和力都会给顾客以强烈的心理暗示与鼓动。

④开发商给置业者的承诺。楼盘名称实际上是开发商为自己楼盘向置业者的公开承诺。

⑤楼盘市场品牌的昭示。好的楼盘名称受到目标客户的喜爱和认同时，就可以起到促进销售的效果，甚至可以成为品牌。

（2）楼盘命名的原则

①特色命名，个性突出；

②古为今用，传承文化；

③好念、好记，寓意美好；

④中西合璧，超凡脱俗；

⑤名实相符，内外一致；

⑥锁定顾客，凸现卖点；

⑦传递信息，固化印象；

⑧揣摩心理,昭示价值;

⑨物以类别,依人造势。

(3)楼盘命名的类型

①地名标示型,直接在房地产名称中嵌入位置所在,如瓯江大厦。

②企业标示型,具有良好形象的房地产企业用自己的符号吸引顾客,加强信心,如万科城市花园。

③功能标示型,将房地产用途和特色说明清楚,如信义财经大楼。

④历史标示型,以古代帝王名家命名,令人兴起思古之幽情,如京华富第。

⑤名人标示型,以中外著名人物为命名的根据,给人以亲切、尊崇的印象,如逸仙名邸。

⑥吉利标示型,以吉祥如意或象征名利双收,财源滚滚的命名,如幸福村。

⑦期望标示型,自我期望,满足更高成就感,对下一代成龙成凤的期许,如金潮学府。

⑧移情标示型,取国外或中国风景优美、风光怡人的地名命名,如枫丹白露。

⑨取景标示型,现代人讲究生活质量,景观、意境,取工地附近的著名景点或本身景观,如美丽湖畔。

⑩意境标示型,以诗情画意的优美文句作为命名,如蝶恋山庄。

3.楼盘形象设计

楼盘形象设计是房地产形象策划的核心部分,它使消费者对楼盘产生良好的印象。楼盘的形象设计一般为是通过CIS,即企业形象识别系统来完成的。

(1)理念识别系统MI

理念系统(MI)是CIS的基本精神所在,特指有个性的楼盘经营活动的思想或观念。理念系统是项目的中心,塑造项目的定位形象,为广告提供主线索。

理念识别系统的基本要素为:经营理念、组织结构、企业精神、发展目标、道德风尚、经营策略等。

理念识别系统的应用要素为:信念、信条、警语、口号、座佑铭、标语、训示、守则、企业歌等。

(2)行为识别系统BI

在确定项目理念后,重要的是把项目理念化作具体的可操作的行为。通过企业一整套特有模式,达成企业内部共识,使企业内部产生整体性和一致性。房地产企业或项目的行为识别系统可分为对内应用和对外应用两部分。

对内应用:教育培训、礼仪服饰、体态语言、福利待遇、工作场所、环保观念、研究发展等。

对外应用:营销观念、服务和产品开发、公共关系、银企关系、公益活动、文化表现等。

对于房地产项目而言,在楼盘推广活动中,各种推广行为都是项目理念和主题的具体体现,它可体现在营销策略、活动推广、现场布置、人员促销以及销售员服饰等方面。

（3）视觉识别系统 VI

所谓视觉识别是从企业或项目的外观着手,对企业形象中的视觉因素进行全面、统一的设计,它包括名称、标志、标准字、造型等基本要素和办公事务用品、广告、环境应用要素。设计的内容包括以下几个方面:

①核心要素部分:项目标志、标准色、标志延展、标识、标准字体组合等;

②标志应用:名片、销售人员胸卡、请柬、信封、车体运用、小区物业管理等;

③售楼部室内视觉应用规范:销售人员服装、保安员服装、售楼部形象墙、售楼部展板、样板房标识、台面标牌、销售进度表等;

④售楼部室外视觉应用规范:售楼部指示牌、欢迎牌、销售现场导识、工地围板、彩旗/挂旗、小区名称标牌、工地路牌广告等;

⑤销售资料宣传品部分:手提袋、售楼书、海报等。

4. 楼盘形象包装

楼盘形象包装是指为促进销售、倡导新的生活理念,运用一定的技术手段、工具和策略对房地产内外形象、销售现场形象和概念性地产形象的设计和实施过程。

包装是对楼盘形象的总体设计,包装的直接目的不是自我表现,而是目标客户群体为满足自己的需要进行的文化和观念消费。通过楼盘形象包装可以促进销售,利于树立企业或项目的品牌,强化及深化广告宣传效果,提升楼盘品位,增强楼盘的市场竞争力。

楼盘形象包装的内容包括:

①项目整体形象包装;

②开发商形象包装;

③楼盘外在形象包装,通过体现楼盘的文化品味,使楼盘品牌化来实现;

④楼盘内在形象包装,通过街区功能的充分利用与延伸,楼盘区域布局,楼盘的配套设施功能,房型结构的合理化和人性化来实现;

⑤现场销售形象,通过销售人员形象,现场售楼部形象,现场样板房形象,现地工地形象来实现。

【实训重点、难点】

根据房地产项目的市场定位,分析市场需求情况,为项目命名并设计主题概念,确定项目形象定位。

【实训项目选定】

根据选定的房地产项目市场定位,对该房地产项目进行主题概念设计与形象策划。

1. 依据给定房地产项目,为项目命名,并进行案名诠释;
2. 根据房地产项目市场定位,调查研究房地产市场,为项目设计主题概念;
3. 根据房地产项目的主题概念与项目名称,对形象设计提出建议;
4. 对房地产项目整体形象包装提出建议;
5. 综合以上4个方面的成果撰写该房地产项目的形象策划方案。

【实训参考资料】

◆参考资料一:

房地产案名特色归纳[1]

一、项目独具的特色

①建筑设计风格:柏林爱乐(设计风格上采用德国简约手法);欧陆经典(欧陆古典建筑风格,如券门、券窗、坡屋顶等)。

②建筑布局特色:宽HOUSE(面宽大,进深浅,见阳面就多,居住非常舒适);阳光板房(全板楼设计布局,面宽通透,与塔楼明显区隔开来)。

③临湖近水:长河湾(项目紧临与颐和园相通的长河旁);湖光山舍(怀柔红螺湖湖岸别墅项目,湖光山色一览无遗)。

④依山拥翠:西山庭院(西山脚下的中国围合式建筑);香山艺墅(香山脚下的别墅,坐在家中就可观赏香山四季美景)。

二、地域地段特色

①锦秋知春:中关村知春路上的项目。

②紫金长安:位于五棵松西长安街旁的高档项目。

③百旺家苑:海淀百望山麓的低密项目,2003年市场最热销项目。

④陶然北岸:位于陶然亭公园旁的景观高档项目。

三、公司品牌延展

①珠江品牌:珠江骏景、珠江帝景、珠江绿洲等。

②远洋品牌:远洋山水、远洋新干线、远洋风景、远洋德邑等。

③中海品牌:中海雅园、中海紫金苑。

④光大品牌:光大花园、光大名筑。

四、豪华国际品质

①万豪国际公寓。

②通用时代国际中心。

③棕榈泉国际公寓。

---

[1]来源:新浪博客 http://blog.sina.com.cn,2007.3.25

这些项目都处在寸土寸金的 CBD 黄金地段上,而且从装修档次、配套设施、物业服务等方面都具有国际水准,因此,豪华国际是与地段和品质分不开的。

五、数字组合

①东 1 时区(项目地处京城的东部,是最早迎接阳光的地方)。

②贡院 6 号(项目所处的门牌号,贡院本身也是贵族名门的代名词)。

③公园 5 号(说明项目离朝阳公园非常近,拥有优越的地段和休闲空间)。

④五栋大楼(项目由 5 栋建筑群组成,体现项目的独特之处)。

⑤学风 1911(项目地处清华大学附近,清华是五·四运动的发源地,符合目标客户群的心理特征)。

六、中英组合

①西贸 DNA;

②建外 SOHO:既说名了地点,又说明了项目市场定位;

③GOGO 新世代:针对 80 年代后出生的时尚新一族开发的小户型;

④BOBO 自由城:自由城本已很普遍了,加上 BOBO 味道就不同了。

七、个性自我

①苹果社区:项目与苹果没有任何关系,但通过前期征集案名的炒作,使项目迅速在市场上流传开来,推广手段既独特又节省了大量宣传费用。

②卡布其诺:时尚人士非常喜欢的咖啡牌子,知名度甚广,拿来主义,既省钱又省力。

③甲方乙方:谁叫冯导的电影那么火,所以项目也可以趁热打铁呀,反正也没注册。

④境界:经济开发区 2004 年的名盘,不同的人可以得到不同的生活境界。

八、谐音巧用

①源屋曲:谐用于"圆舞曲",建筑本身具有高低之势,看上去像乐谱上跳动的音符,既容易记住,又容易流传。

②高巢:本意是有高度的建筑,但发音又与"高潮"一样,具体是什么样的高潮,只有留给读者无穷的想象空间了。

③品阁:与"品格"同音,大意是说有品味和格调的意思,但创意不算高明,所以市场知名度一般。

当然,在策划案名的时候,除了要突出案名的特色有创意之外,还要考虑到案名能较易被理解,不能费解。阅读上不能拗口,容易流传和易于记忆等。不能带有反面意思,以及忌讳的意思等。总之一个好的案名是千呼万唤才出来的。

◆参考资料二：

耗资 200 万的"苹果"[1]

2002 年 10 月，今典集团开始声势浩大地在北京各大报端登出 CBD 楼盘案名征求广告。

2002 年 12 月 6 日，总价 200 万的谜底在"今日美术馆"揭晓，来自旅游公司的刘芳所设计的"苹果社区"案名从近万个案名中脱颖而出，得到专家学者的推荐以及发展商张宝全青睐，成为中选案名。另外，"非社区"、"百子湾公寓"、"第九城市"三个案名被评为优秀奖，"青苹果乐园"、"WE 社区"、"若水家园"等 10 个案名被评为入围奖。

今典集团董事长张宝全在接受记者采访时说，此次征名活动的本意，是想通过此次征名的文化行动来寻找城市的文化基因……而苹果那平实的外表里却隐藏着不动声色的傲然和浪漫，这正是我们苦苦追寻的。因为长在树上的苹果，一个个既独立又依存，既有着一种自然、自在的恬淡，也有着一种自由、自我的 HAPPY……

苹果社区（北京项目）英文名 PINGOD 释义（摘录今典案名发布）

①天堂的果实：人类生命的原动力正是源于这颗被亚当和夏娃偷食的禁果。

②树上树下的果实：因为有了那颗掉在牛顿脑袋上的苹果，人类才迈出克服地球引力的一大步。

③不动声色的浪漫：苹果的丰硕、圆润和不动声色的浪漫，正是中产阶层和小资人群从外在品位到内心快乐的真实表现。

④生长在 CBD 的苹果：在 CBD，苹果已成为现代时尚的代名词，只有在郊区才会被还原为一种普通的农产品。所以苹果具有排他性，仅适用于中国北京的 CBD。

⑤觉悟人群的价值观：英文案名 PINGOD 是中文苹果的音译，由 PIN（个人身份识别码）和 GOD（上帝）组成，是今天觉悟人群的价值观——上帝是每一个人，每一个人都是上帝。

◆参考资料三：

"梧仗爱街区"案名诠释[2]

"梧仗爱"是源于"无障碍"的谐音演化而来。那么我们为什么会想到"无障碍"，究其本质是对于我们产品全方位特点的高度浓缩和概括。我们所倡导的生活理念概

---

[1]来源：根据苹果案名征集活动的相关媒体报道整理而成

[2]来源：搜房北京业主论坛 http://bbs.soufun.com/，2008.12.15

括起来就一句话:"既可以享受田园生活的宁静与原生态,又不失都市生活的繁华与品质感"。梧仗爱街区是一种高度融合和浓缩这两种生活品质的百万平米生活城。兼备这两种生活品质的百万平米大盘,所直接演绎的生活真谛,就是"方便"、"便利"、"快捷"和"自由",也就是"无障碍"。通俗的讲就是生活真方便。

人们每天努力的忙着做很复杂的事情,其实忘记了伟大的本质在于"简单"、"便捷"和"自由"。给人以选择生活的权利和空间,给人以生活的方便,这正是我们"梧仗爱"(无障碍)所倡导生活的真谛。

一、站在产品的角度进行诠释

1. 第一层次:产品建筑设计细节体现"无障碍"

①地下停车场设置景观竖井,阳光和新鲜空气直达地下停车场。

②中央景观贯穿南北,并向东南呈喇叭口开敞。中央景观地势开阔,北侧连通河流和绿化隔离带,南侧连接社区中心广场,形成南北向的景观主轴线。既可远眺群山,亦可看凭栏垂钓,视野极为开阔。

③现场售楼处楼梯台阶设计全部采用缓坡道,符合人体力学,人性化设置畅通无阻。

2. 第二层次:对我们产品每个细节进行提炼和浓缩后所形成的

"四大无障碍"————缔造了北京置业安家的绿色通道

以下的四大无障碍全方位的展现了我们"梧仗爱街区"所倡导的生活理念,对在我项目置业安家的客户给以无微不至的人情关怀,充分体现了"以人为本"的人居理念。而以人为本的人居理念的精神实质就是使人"便利"、"快捷"和"自由"。

(1)置业无障碍——西南板块,性价标杆

①区位占尽地利:

北京西区置业绿洲;

城市副中心生态宜居区。

②三优生活创北京安家更有何求:

单价优;

总价优;

生活成本优。

(2)安居无障碍——即刻入住,即刻享受

①精品户型彰显生态宜居:

户型设计紧随宜居理念;

户内居室力求分割合理。

②丰富业态体现都市集成。

③物业服务引凤筑巢。

④人文教育近在咫尺握手大学城。

⑤未来发展时尚商业、璀璨都市。

（3）沟通无障碍——自在天地，自由畅享

①立体交通大局已定：

京石高速玉带缠腰，自驾车畅通无阻；

规划城铁近在咫尺，上班族出行无忧；

公交站线交错纵横，上班族出行无忧；

小区班车服务体贴，上班族出行无忧。

②澳风景观，纵横南北，视野开阔，气象万千

人车分流——自由进入尺度，悠然休闲生活；

人景互动、景观原生态、曲径通幽。

（4）健康无障碍——整体生态，阳光均好，堪称世外桃源

①位居北京生态带，天然氧吧美誉名副其实；

②小区绿化高达36%，堪称绿色之家；

③温泉入户彰显世外桃源；

④4万平米澳风园林、2万平米运动公园，健康关爱无微不至。

3.第三层次：无忧生活的全面体验

正如星河湾的全现盘时代一样，待我项目全面建成之时，四大无障碍充分彰显百万平米生活城大盘气象，演绎"梧仗爱"之"YOYO（悠优）生活"。尽显生活的真谛在于"方便"、"便捷"和"自由"，尽情归结为无障碍。

二、站在开发商的角度进行诠释

1.开发商的办企宗旨、社会责任角度

梧可以理解为"吾"，我们的意思，仗是凭借的意思，爱是爱心。"梧仗爱"也就是做可以理解为开发商凭借爱心来做事。对开发商来说，凭借一个爱心去开发项目，才能做出一个好项目。

对开发商用爱心来做事，大致可以分为3个层次境界。

①第一境界：做一个有良知开发商；

②第二境界：做一个有责任感的开发商；

③第三境界：做一个有爱心的开发商。

因为只有开发商凭借一颗爱心去开发项目才会让买房人买得放心，住得舒心。在业主入住之后的各项目服务中则更需要有一颗爱心。

这第三境界对开发商则是更高要求，可谓"企业强国"。对购房者、民众和国家都有一颗爱心。

2.从对我公司发展的良好祝愿的角度

"无障碍"亦可谐音于"无丈艾"。丈：万丈高楼，前景不可丈量。艾：美好，无止境。整体的含义可以寓意为我们企业的发展前途远大，无可限量，无可限"亮"。

3.站在业主的角度进行诠释

梧：指梧桐树，象征着吉祥、美好、绿色、成长的意义，俗话说得好"没有梧桐树，引

不来金凤凰"。在这里业主隐寓为金凤凰。

一层含义，梧桐树代表了一种北京稀缺的生态环境，是我们所倡导生活理念中的田园生活的主体构成元素。

另一层含义为用爱心建造我们的和谐社区。大家齐心协力，用爱编制一块人间乐土。

综上所述，"梧仗爱"整体的寓意可以理解为"我们凭借着优良的生态环境，引来广大客户，用爱心来共建我们的美好社区"。

◆参考资料四：

深圳金海湾家园的主题概念[1]

以海洋文化为主旨塑造小区形象。

金海湾家园位于市区西南的海岸带，面向珍稀的红树林群落。为构筑"海之城"这样一个高尚住宅小区，策划人员在4个方面加以演绎：

(1)营造"海之浪"，小区三幢高层住宅蜿蜒排列，其天际线形如波浪，为使每一个住房都能看到海，每一个单体建筑均设计成蝶形；

(2)营造"海之堤"，为避开小区附近农民房及深广高速公路的视觉与噪声污染，小区住宅的架空层比通常情况下做了加高；

(3)营造"海之珠"，小区建设豪华的会所供业主使用；

(4)营造"海之灯"，小区在楼顶显著位置建设有航海灯塔标志，强化海之韵。

此外在景观设计方面，小区力求强化海之文化，在架空层住户休憩地带，地面及其墙壁做了海浪蚀刻。在样板房的装饰中，选用了贝壳材料等。

◆参考资料五：

中房·馨视界楼盘标志设计[2]

(1)任务内容

设计项目：中房·馨视界标志设计

中文全称：中房·馨视界

英文全称：CRED HOMEPLACE

(2)公司简介

[1]祖立厂.房地产营销策划[M].北京:机械工业出版社,2008,2009-210.

[2]来源:中国创意交易网-创意任务 http://www.toidea.com,2006.10.22

该项目为楼盘标志,该楼盘是中房·馨境界的姊妹篇(参见附件中房·馨境界标志)

定位:中高档品质、现代主义风格的"节能性绿色生态家园"

景观风格:西班牙假日风情、生态园林景观

(3)标志设计要求

标志形态:图文结合标,标志元素包括图形＋中文＋英文的组合

标志效果:信封、信纸、手提袋、楼盘围挡、擎天柱广告、楼体 LOGO 展示效果、小区内指示牌

标志颜色:冷暖色结合或者根据标志的气质自己确定

标志表现:可以与中房·馨境界(中房·馨境界标志见附件)有一定的延续性,也可重新创意

标志字体:经过设计师专属设计的字体

标志提案要求:

——需要详细创意说明

——需要进行效果贴图展示:信封、信纸、手提袋、楼盘围挡、擎天柱广告、楼体 LOGO 展示效果、小区内指示牌

中标作品	入围作品1	入围作品2

中标作品释义:向日葵在西班牙很常见,因此以花瓣带出西班牙的特点,花瓣摆放则形似楼群剪影。英文为手写体,体现西班牙的自由和欢快。绿色象征环保与自然,给人视觉上的舒适。汉字设计简洁,手写体间隔号则给平静中增添一点活泼。

入围作品1释义:自然、亲和绿色生活家园

入围作品2释义:与"中房馨境界"LOGO 的姊妹篇。在颜色搭配上采用了具有西班牙特色的配色,而字体采用书法字体,体现了中西结合、以人为本、回归自然的建筑理念。

【实训组织方式】

1. 组织学生依据已确定的房地产开发项目定位,对房地产项目的主题概念设计进行分组讨论;

2. 学生各自查阅资料,根据自己对项目的理解为项目命名,并进行案名诠释;

3. 分组讨论确定最终案名,并根据项目主题概念和案名,对该项目进行形象包装与定位,并撰写项目整体形象策划书。

【实训时间】

实训时间安排为课堂 4 课时,课余 2～3 天。

【实训习题】

单项选择题

1. 构成企业理念识别系统的最基础的要素是( )。

    A. 企业使命　　　　B. 经营宗旨　　　　C. 经营方针

    D. 企业价值观　　　E. 行为准则

2. CIS 的设计要有企业独特的风格,这个原则是 CI 策划的( )原则。

    A. 个性化原则　　　　　　　　B. 民族化原则

    C. 创新性原则　　　　　　　　D. 系统化原则

3. 在 CIS 策划的调查分析活动中,以下哪种不属于企业外部调查( )。

    A. 社会对企业形象的基本估价

    B. 本企业形象最重要的项目是什么

    G. 企业员工对企业福利待遇的感受

    D. 企业形象是否与其市场占有率相符

4. 以下哪一项不属于公司风气形象( )。

    A. 具有健康清洁的形象　　　　B. 具有现代感

    C. 稳定性强　　　　　　　　　D. 公司风气良好

5. 以下哪一项不属于企业技术形象( )。

    A. 研发能力强　　　　　　　　B. 技术优良

    C. 服务周到　　　　　　　　　D. 热心于开发新产品

6. 着重强调"顾客就是上帝",主要目标是企业外部公众,这种理念识别定位方法叫做( )。

    A. 团结创新型　　　　　　　　B. 技术开发型

    C. 优质服务型　　　　　　　　D. 市场营销型

7. 企业理念的应用形式不包括( )。

    A. 标语口号　　　B. 旗帜　　　C. 广告　　　　　D. 企业歌曲

8. 以下哪种方式不属于 BI 的外部推广方式?

　　A. 策划新闻事件　　　　　　　　B. 员工手册

　　C. 广告活动　　　　　　　　　　D. 社区交往

9. "枫丹白露"这个案名属于以下哪类(　　　)。

　　A. 取景标示型　　　　　　　　　B. 移情标示型

　　C. 意境标示型　　　　　　　　　D. 造型标示型

10. "逸仙名邸"这个案名采用了以下哪种设计要素(　　　)。

　　A. 人名　　　　B. 词汇　　　　C. 地名　　　　D. 民俗

项目十一

房地产营销计划

实训导引

　　房地产市场瞬息万变,为了抵御市场变化带来的波动,唯一可行的办法是加强企业自身的计划性,房地产项目的营运过程应该严格置于周密的计划管理之下。房地产项目的管理过程就是营销计划的制订、实施和评价过程。通过本项目的实训,要求掌握房地产营销计划的制订方法,会拟订与撰写房地产营销计划。

【案例导入】

表11.1　某项目2007年8月至2008年5月份推广计划[1]

	销售目标/%	推广背景	推广目的	宣传渠道	推广手段
阶段一内部认购期	20	项目正式启动,预定工作开始。需要进行市场的预热引导,包括对本产品形象定位的前期推广,树立开发商在当地的公众形象	为项目树立综合形象,即进行项目品牌建设,试探市场反映,为今后的推广打下良好基础	以施工工地围墙包装、售楼处(营销中心)营造、定点看板等户外广告为主,先期进行市场导入	通过现场建筑材料的展示,展现项目完美的产品品质;通过房展会、教师节、中秋节等活动带动前期销售

---

[1]来源:中国房地产商网,http://www.winfang.com/,2009.1.3

续表

	销售目标/%	推广背景	推广目的	宣传渠道	推广手段
阶段二开盘期	35	VIP 贵宾卡优惠销售,项目形象基本树立	充分展示企业形象,突出产品卖点,引起广泛社会关注	销售中心现场展示,DM 派发,罗马旗,横幅,网站	结合国庆节、重阳节等一系列的节日营销活动和社区景观的完成掀起新的销售高潮
阶段三强销期	30	VIP 贵宾卡优惠销售,项目形象基本树立,销售高潮到来	在销售黄金期,进行强势推广	现场展架,DM单,现场 SP 活动	通过社区厨艺、新年健身活动和社区景观的完成掀起新的销售高潮
阶段四持续热销期	15	趁开盘后的持续热销,采取均频率、中版面的持续宣传策略,最大程度提高销售率	保持一个稳定的销售趋势,消化掉剩余房源	适当的软性报纸稿,DM 派发等;SP 活动。增加软性宣传,减少硬性广告密度的方法控制广告、补充广告诉求的不足	通过房产的交付及现房,制造新的亮点

【基本知识要点】

1. 房地产营销计划的概念

房地产营销计划是房地产项目销售实施管理的基础,它既是一种市场工作的工艺流程,也是一种指导性文件。任何一个企业的经营活动都离不开营销计划的指导和控制。因此,制订营销计划至关重要,而制订务实、可行的营销计划的能力最能够真实地反映企业的营销管理水平。

2. 房地产营销计划的目的

房地产营销计划的基本目的是帮助企业实现销售目标,总的来说就是通过营销计划的编制、执行和检查,充分挖掘和利用企业的各项资源,制订与市场环境相适应的最优方案,并把企业内部的全部经营活动科学地组织起来,使企业的房地产营销工作有计划、按步骤地进行,以获取利润和实现企业的战略目标。

①在科学预测的基础上,为改变企业的经营方向做出战略决策。

及时、正确、广泛地收集市场的信息资料,并运用科学的方法进行分析研究,结合市场需求和企业的实际情况,为企业进入和扩大新的市场领域作出战略决策。

②通过综合分析,制订最优方案。

房地产营销工作面对的是多种需求和迅速变化的市场,企业要经常关注市场形势的变化,一方面为高层管理提供较好的信息,以便作出满意的决策;另一方面对房地产企业的机会与威胁进行情景分析,帮助企业更好认识企业的潜力及优势与劣势,进行良好的内部协调活动。

③实现全盘综合考虑与安排,减少企业风险。

制订营销计划更好地了解正在变化的环境,提高房地产企业适应环境的能力,通过考核与评价房地产企业目前的经营活动,根据企业环境的变化以及企业的目的,加以适当的调整。

3.房地产营销计划的基本原则

①目标原则:营销计划的目标是由企业的盈利性质所决定的。

②领先原则:营销计划是房地产企业销售经营过程中其他职能的先导。

③普遍性原则:房地产销售活动的任何一级都要做计划,从销售经理到销售人员。

④效率原则:房地产营销计划必须关注投入产出比。

⑤层次性原则:房地产营销计划在制订的时候,在执行期间上要分长期、中期和短期,在执行的高度上分为目标、战略、政策、程序和规划、方案和支持计划、预算等方面。

⑥程序化原则:房地产营销计划必须按一定的程序进行。

⑦承诺原则:房地产营销计划中将针对销售目标表明其承诺的任务和时间期限。

⑧灵活性原则:在制订计划时要考虑弹性,以减少未预料事件引起的损失。

⑨调整原则:定期复核计划,进行必要修订;承诺时间越长,承诺任务越多,管理者分段核查越必要。

4.房地产营销计划的内容

表 11.2　营销计划的内容[1]

内　容	目　的
执行概要和要领	提供所建议计划的简略概要
当前营销状况	提供与市场、产品、竞争、分配和宏观环境有关的背景数据
机会和问题分析	概述主要的机会和威胁、优势和劣势,以及在计划中必须要处理的产品所面临的问题
目标	确定计划中想要达到的关于销售量、市场份额和利润等领域的目标
营销战略	描述为实现计划目标而采用的主要营销方法

[1]来源:[美]菲利普·科特勒著.营销管理分析、计划、执行和控制[M].上海:上海人民出版社,1999:89

内　容	目　的
行动方案	回答应该做什么？谁来做它？什么时候做？它需要多少成本？
预计的损益表	概述计划所预期的财务收益情况
控制	说明将如何监控该计划

不同房地产企业所处的市场时期不同,其营销计划也将是不同的。可分为战略计划和作业计划两种。

(1)房地产营销战略计划

①时间期限。战略计划是企业的长期计划,有 3 ~ 5 年或 5 ~ 20 年的计划。

②环境分析。包括房地产市场发展趋势、技术发展、竞争者的发展状况等,特别要分析环境中的机遇和威胁。

③公司本身分析。包括人才结构、产品结构、资本结构和市场竞争力等方面的分析,特别要分析企业自身的优势和劣势。

④制订目标。行之有效的目标要能够以市场为导向,要有必要的方针和措施,要有可行性。

⑤制订具体战略。包括公司增长战略、产品战略和市场战略等。

(2)房地产营销作业计划

房地产营销作业计划是实现战略计划的具体步骤,其期限一般不超过 2 年。作业计划是企业在计划期内的具体行动纲领,它规定着企业在计划期内的房地产开发数量、类型、风格、质量和建设工期等具体目标。根据房地产的特点和营销条件,一个企业的房地产作业计划一般包括以下一些内容:

①市场特点分析,如适销房型、供求情况、价格趋势等;

②营销方针和销售目标;

③价格的条件和变动幅度;

④盈亏率预测;

⑤市场定位;

⑥营销方案;

⑦营销费用支付方式和掌握尺度;

⑧存在的问题和解决问题的方法和措施,等等。

房地产营销计划制订后,就要付与实施,在实施过程中还要经常检查计划的执行情况,并及时反馈和修订,确保计划的顺利执行。

5.房地产营销计划的步骤

房地产营销计划的制订具体由 3 个基本步骤组成:

第一,选择房地产公司的物业或劳务的类别;

第二,确定和调查房地产市场潜在的消费者;

第三,制订全面的营销战略。

这三个步骤必须依次进行,因为每一步骤的规划都以前一步所作的决定为基础。提供的物业或劳务,房地产商的形象和推销宣传以及定价这些环节都已统一制定,但还应考虑到房地产商无法直接控制的一些因素,如竞争力、技术发展、经济状况、季节性以及法律约束。为此,房地产商应准备采取一些必要的具体行动。

【实训重点、难点】

制订房地产项目的营销计划,撰写项目营销策划报告。

【实训项目选定】

为指定的房地产项目拟定营销计划,统筹确定全过程的营销策划方案,撰写营销策划报告。建议以下 2 种组织方式:

1. 依据前十个项目实训的成果,整合资料,统筹安排,确定营销计划,撰写报告。

2. 根据选定的本市最新出让地块或将开发项目,分小组讨论,分工协作完成营销计划的制订与最终营销策划报告的撰写。

【实训参考资料】

◆参考资料一:

HY 海湾第三期 2006 年营销工作计划[1]

第一节　营销思路

一、营销指导思想

针对 HY 海湾三期产品的特点、周边项目 2006 年的竞争环境,确定 2006 年的营销指导思想为:运用"整合营销,提升品牌战略",实施突破性营销措施,建立可操作的激励和约束机制,确保销售条件的落实。另外,在合理的价格体系下迅速消化存量,实现 HY 海湾开发的良性循环。

二、营销推广思路

1. 营销主题及核心推广思路

(1)营销推广思路:让生活充满阳光

(2)辅助主题:阳光生活幸福花开

延续二期推广主题"让生活充满阳光",继续赠送太阳能热水器,继续打造阳光社区品牌,为了树立三期的升级版形象,将"阳光生活幸福花开"作为辅助主题,对充满阳光的品质生活进行描绘和诠释。

---

[1]来源:重庆房地产营销策划网论坛

（3）营销策略的核心任务："强势推盘,完成年度任务计划指标"。

（4）主要手段:凸显 HY 地产产品差异化和综合卖点优势,形成旺销局面。

（5）操作手法:标本兼治。以完成全年销售任务为主要核心。

（6）操盘策略:派筹、解筹、开盘、促销组合攻略,广告、软文、促销手段、营销活动四位一体形成立体推盘攻势,高举高打,形成强势营销,目的在于在竞争形势严峻的长春市场形成旺销势头,全力确保完成全年度任务。

2.营销策划思路重点

（1）确立推广主题和核心思路

策划和设计理念继续围绕"让生活充满阳光"这一主题展开;设计继续以"让生活充满阳光"标志为中心进行延展;围绕 HY"阳光社区"的自身优势和综合实力;围绕"阳光升级版"概念进行延展:阳光生活,幸福花开;围绕 HY 地产与竞争楼盘的差异点进行宣传;围绕 HY 地产亲民形象,推出亲民活动;围绕二道区未来发展规划来凸显 HY 海湾的投资价值;围绕 HY 海湾平实的价格和高贵的品质来凸显高贵不贵的市场亲合力;围绕 HY 海湾园区内无噪音、人车分流、环境优美来凸显舒适安逸的生活,展开广告宣传和活动营销,吸引二道区以外的购房者,让长春市民都了解 HY 海湾的产品细节和综合优势,从而树立"阳光社区品牌";强化"阳光社区品牌概念",深入挖掘其内涵,从售楼员推介角度、业主活动等各个方面进行展开。

（2）确立 HY 的核心优势——综合实力,综合品质在推广中不断强化 HY 的核心优势,加以放大,实现市场制胜;HY 海湾"阳光生活"的亲民形象和品质是提升的重点;以 HY 海湾三期的综合品质细节、实力、品牌实现市场制胜。

（3）确立主要推广时机

2 月软文铺垫;3、4、5 月积累客户;正房组团 1:阳光家(推盘量6—7 栋4 月末排队认购;正房组团(派筹解筹一次性)2:幸福家(推盘量5—6 栋)月末排队认购(派筹解筹一次性);全部正房产品 6 月开盘;小户型:阳光公寓——8 月认购(派筹解筹一次性),9 月初开盘;商业——3 月开始接受登记,提前招商,10 月末开盘;10—12 月末产品集中清仓促销——告罄战役。

由于 HY 海湾三期销售房源较多,所以一次性派筹解筹有很大风险,不利于现金回款。关于组团的推广数量要结合第一次推盘时间、回款任务、规划布局、工程进度、客户积累程度等方面进行定量。

（4）推出 HY 亲民系列活动,活动主题:"阳光生活"亲民大行动房交会造势活动;物业组织 HY 海湾业主中老年秧歌队;"HY 杯"有奖征文业主、地产、媒体联合篮球赛;售楼处和幼儿园联合组织"HY 海湾幼儿园画展";HY 海湾第一届业主节。

（5）将售楼处内外包装,全面进行更新换代

包括售楼处内部形象包装(卫生清洁、霓虹灯维修、装饰、展板、海报、售楼员接待形象、站岗、服务态度等);售楼处外部包装(围挡、条幅、导示道旗街旗)。

（6）做好每一版广告:直接通过项目的主诉求点形成冲击力。

（7）对 HY 海湾三期客户的把握和拓展二道区内，项目周边主力客户：附近拆迁户、柴油机厂职工、白领、私营业主、二次置业者等，通过广告、口碑营销、直销等策略进行把握；HY 海湾一、二期二次置业者，一、二期业主关系举荐客户，二期未成交客户群体，通过业主活动、直销、制订相关促销策略进行引导和把握；二道区外，机关及企事业单位职工、白领阶层、私营业主、二次置业群体、教师、中青精英购房群体等，通过广告和口碑进行引导和把握。

第二节　营销策略

一、营销举措

针对 HY 海湾三期的实际情况和 2006 年长春房地产的发展趋势，尽可能保证计划的顺利实施和完成年度销售任务指标，在新的一年里将采取以下几项举措来为明年销售指标的完成提供有力保障。

（1）强化销售队伍、强化培训、强化管理。

（2）利用和强化派筹策略派筹策略使二期获得火爆销售业绩，三期将总结二期的成功经验，规避二期的不足，将这种派筹方式进行提升，更大的促进销售。

（3）解筹策略、开盘策略做强力后盾。为派筹的效果做保障，增加强力销售时机，促进销售。

（4）放大以口碑宣传及老业主带新客户的作用。通过开展满意服务月活动建立口碑宣传的渠道，利用报纸广告将以老带新的政策放大，凡 HY 老业主介绍成交的在确定身份后均可享受相应的业主直销优惠政策。

二、营销战术

"整合营销，提升品牌战略"的十六字全年战术方针：抓住营销攻势的"发起时机，一步到位，集中力量，坚持、精确"。

战术诠释：

1. 抓住营销攻势的发起时机

抓住产品每年几次的季节性购买高峰期；制造销售时机：正房分 2 个组团认购开盘、小户型开盘、商业开盘。

2. 一步到位战术

企业投入的人、财、物、技术等，营销时机到来时，达到有竞争优势的较大的量与较高的水平及较高的起点。避免犯以下错误：广告、宣传等传播力度不够火候。要求在掌握尽可能多的信息及计算周密的前提下，采取一定的宽余度投入。

3. 集中力量战术

目标集中，力量集中，协同；集中于"阳光产品、阳光社区、阳光生活"的自身优势和综合实力；集中于 HY 海湾地产亲民形象；集中于 HY 海湾周边教育体系；集中于二道区未来发展规划来凸现 HY 海湾的投资价值；集中于 HY 海湾平实的价格和高贵的品质来凸现 HY 海湾三期高贵不贵的市场亲合力。

4.坚持战术

如果缺乏足够的耐心,中止或缩减营销投入,或到后阶段不能及时增加投入力度,可能会丢掉即将到来的增长高峰。

5.立体宣传战术

确定目标人群;确定目标市场(人群)传播达到率、购买率、销量;确定营销传播组合和总投入量。

6.营销措施

(1)全年100次软文,提升 HY 海湾素质、气质,软文主题包括:HY 海湾,诗意的栖居地;HY 海湾,幸福生活宣言;HY 海湾,最温暖的社区;HY 海湾,阳光生活社区。

(2)扩充渠道,全员营销。员工购房加大宣传力度;销售形象体系提高;售楼处包装。`

(3)物业强化管理策略针对接待、保安、保洁、维修、消防、绿化加入量化的指标。量化指需要多方探讨,要求达到的指标如下:

评价指标:单项顾客满意率90%;七项加权平均顾客满意率:95%;接待、保安、保洁、维修、消防、活动、绿化。

(4)销售队伍素质保证。销售人员服装准备,销售技巧培训,试行销售员定额指标。

三、促销政策和活动

通过去年下半年在销售中推出的派筹促销、赠送太阳能、免物业管理费和精装修房等活动对 HY 海湾二期销售产生的积极的促进作用来看,这几项促销政策市场接受程度较高,故在新的一年里继续分阶段延用。

1.促销政策

政策一:赠送太阳能热水器——继续塑造阳光社区

内容:派筹、开盘、其他促销活动期间,凡购买 HY 海湾正房产品,可赠送太阳能热水器。通过这一政策更能够加深客户对"阳光生活的理解"。

政策二:一次性付款9.5折,按揭付款9.8折

内容:活动期间,凡在派筹日、开盘日、特定活动日购买 HY 海湾的客户均可享受优惠。

政策三:凭本科证、专家、教师证一次性付款购房享受9.4折

内容:由于购房客户群体向中青年文化群体靠拢,为了更好的聚集客户,提高小区的文化档次,树立人文形象,我们将促销方式进行创新,针对不同的群体采用不同的营销策略。分组团执行,可以提高一次性付款的比率。

政策四:助力优惠组合

内容:将客户进行分类,结合实际销售情况,将即将放弃的置业边缘客户实行助力组合:免一年物业管理费;购车位特殊优惠;免费装修设计方案。

政策五:以老带新和一、二期业主二次置业优惠

内容:一、二期业主二次置业优惠:一次性购房9.4折;以老带新:根据销售量大小再行商定。

2.促销活动

- 社区篮球大赛(4月中旬物业组织)
- HY第一届业主节(6月)
- "阳光生活"有奖征文大赛(3月末—4月初)
- HY海湾业主少儿书画大赛(幼儿园组织)
- HY海湾三期产品展示说明会(3月中旬售楼处组织)
- HY海湾业主恳谈会(3月HY会客服管理部、物业公司组织)
- HY海湾业主秧歌队(HY活动组织部、物业组织)

四、传媒策略

1.传媒覆盖目标

[一级客户群]:白领工薪阶层、技术人员及管理人员

行业:汽车、医疗、电子业、机械、房地产、生物等高科技产业工薪阶层

区域:二道占30%,二道以外占70%。

主要覆盖传媒:长春日报、长春晚报、东亚经贸新闻、互联网。

[二级客户群]:个体行业、拆迁户

行业:服务业、汽车、机械、电子等高科技产业、艺术文化产业20%。

覆盖传媒:城市晚报、长春晚报、东亚经贸新闻、房地产报。

区域:二道占30%,二道以外占70%。

[三级客户群]:蓝领工薪阶层

区域:二道占40%,二道以外占60%。

行业:服务业、汽车、电子业、机械。

主要覆盖传媒:新文化报、房地产报、城市晚报、长春晚报

[四级客户群]:郊区及外地客户

主要覆盖传媒:电台、车载电视、城市晚报。

2.传媒组合策略

报纸广告+软性新闻+现场户外广告+互联网+车载电视。

3.投放频率及规模

(1)中小软性新闻(300~600字):平均每天一次软性新闻广告。

(2)NP:报纸平面广告平均每周2.5次。主要战役期间每周3~4次,平时每周1~2次。有活动时,增加广告数量。

(3)车载电视:考虑销售情况(展示不同的诉求点)。

第三节 派筹计划

正式开盘之前采取排号认购的方式进行前期积累,为开盘的顺利进行准备必要的条件,为开盘当日积累一定的准客户,营造红火吉祥的景象,做足人气为开盘当日

的大量成交做铺垫,这样既可以带来人气,又能保证准客户的确准达到有力销售。结合工期和销售保障条件落实时间,根据客户登记情况选择方案。

一、主推方案

于 2006 年 4 月中下旬进行 HY 海湾三期的派筹。

房源选择:推出 6—7 栋,HY 海湾三期新房源为主,穿插剩余商业、车库销售活动

目的:经历了漫长的冬天售房淡季后,客户会有一个集中放量,利用这次机会,开始全面启动 HY 海湾新年度强势销售的攻势。

派筹时间安排:2006 年 4 月 23 日星期日

2 月软文铺垫;3、4、5 月积累客户;正房组团 1:阳光家(推盘量 6—7 栋)

4 月末排队认购(派筹解筹一次性);正房组团 2:幸福家(推盘量 5—6 栋)

月末排队认购(派筹解筹一次性);小户型:阳光公寓 8 月认购(派筹解筹一次性)。

二、备选方案

派筹时间安排:2006 年 5 月 28 日星期日(派筹解筹同时进行)

2006 年 2—5 月市场告知,产品预热,积累客户,开始内部认购接受诚意金

2006 年 5 月 27 日下午开始排号

2006 年 5 月 28 日派筹,现场公布准业主名单,喊号(初定 6 月 10 日开盘,在房交会前)。

第四节　开盘计划

一、开盘形式

由于三期的开发量大,要求回收资金目标进行了制定和考核,所以决定了分组团推广开盘的形式,通过广告聚集人气,运用差异化的促销政策,乘胜追击,与认购活动相连接,营造红火吉祥的景象,促进销售。

开盘时间:全部正房产品 6 月 10 日开盘,小户型 9 月初开盘,商业 3 月开始接受登记,提前招商,10 月末开盘。

二、促销措施

开盘当日免一年物业管理费一次性付款 9.5 折;按揭付款 9.8 折;凭本科证、专家、教师证一次性付款购房享受 9.4 折。

第五节　广告策略

一、主题思路

1. 案名:HY 海湾三期

中大户型:组团 1:阳光家(6—7 栋)组团 2:幸福家(5—6 栋)

小户型:阳光公寓

2. HY 海湾三期推广主题:让生活充满阳光

副主题:阳光生活,幸福花开

主题诠释:与二期的衔接和提升,幸福之花绽放是对充满阳光的生活方式的体验

和诠释,将家和阳光通过对幸福与爱的描述融合体现方向性,HY 海湾三期是二期的升级版。本案是家和阳光,是幸福与爱的融合。符合东北人居住心理,喜爱阳光,有阳光,才有幸福。能够继续倡导和打造阳光生活的品牌。能够唤起人们对美好生活的想象。

二、建立核心竞争力思路

1.通过整合,凸现 HY 海湾规模优势

从 HY 海湾的环境、户型、品质、物业等方面的提升,营造"HY 海湾—最佳生活居住社区"的市场形象,通过对 HY 海湾的软、硬件方面的整合和补充,完善对"让生活充满阳光"的核心主题的细化、深化和支撑。

2.HY 海湾阳光生活的倡导者

3.HY 海湾蕴藏巨大投资潜力

政府对东部的规划,新机场大道带来的商机。

三、广告总体策略

本项目已具有相当的影响。在这一时期的广告推广策略是:直接通过项目的主诉求点形成冲击力。配合项目的销售策略的实施,用广告展示项目的优势点,化解(淡化)问题点。

【实训组织方式】

1.组织学生根据以往各项目的实训成果进行整理分析,或者重新选定新出让土地、待开发房地产项目(学生自寻或教师指定);

2.学生各自查阅资料,参考优秀的营销策划案例,认真比对,由教师设定一个营销情景进行方案的整合;

3.制订该方案的营销计划,并撰写项目营销策划报告;

4.学生将报告制作为 PPT 演示文稿,抽取演示。

【实训时间】

实训时间安排为课堂 4 课时,课余 5 ~ 6 天。

【实训习题】

一、单项选择题

1.市场营销管理必须依托于一定的(　　)进行。

    A.财务部门　　　B.人事部门　　　C.主管部门　　　D.营销组织

2.制订实施市场营销计划,评估和控制市场营销活动,是(　　)的重要任务。

    A.市场主管部门　B.市场营销组织　C.广告部门　　　D.销售部门

3.满足市场的需要,创造满意的顾客,是企业最为基本的(　　)。

    A.组织形式　　　B.宗旨和责任　　C.主要职能　　　D.营销观念

4. 设置(　　),能够对企业与外部环境,尤其是与市场、顾客之间关系的协调,发挥积极作用。

  A. 市场营销机构   B. 市场营销职能

  C. 市场营销企业   D. 市场营销控制

5. 战略控制的目的,是确保企业的目标、政策、战略和措施与(　　)相适应。

  A. 市场营销环境   B. 市场营销计划

  C. 推销计划   D. 管理人员任期

二、多项选择题

1. 市场营销战略主要由(　　)几部分组成。

  A. 目标市场战略   B. 市场营销组合战略

  C. 市场营销控制   D. 市场营销行为

  E. 市场营销预算

2. 要发挥市场营销机构自身的真体效应,必须做到(　　)的协调一致。

  A. 机构内部   B. 企业内部   C. 企业外部

  D. 营销机构   E. 企业目标

3. 市场营销控制包括(　　)。

  A. 年度计划控制   B. 盈利控制   C. 质量控制

  D. 效率控制   E. 战略控制

4. 市场营销计划的实施过程中,涉及相互联系的几项内容是(　　)。

  A. 明确战略目标   B. 制订行动方案   C. 协调各种关系

  D. 形成规章制度   E. 调整组织结构

5. 市场营销计划中的背景或现状部分应提供(　　)以及现实环境有关的背景资料。

  A. 市场   B. 产品   C. 竞争

  D. 分销   E. 价格

参考阅读案例

项目一　房地产市场调查策划

1.1　南塘街项目市场调研实操

【评论】该项目市场调研目的明确,对项目分析到位,调研方案设计思路清晰,计划得当。通过挖掘并塑造特色文化的指导思想,对项目的市场定位与形象设计提出了建设性的意见。

（资料来源：温州三角洲房产投资顾问有限公司）

1.2　2008温州春季房展会调查统计、分析

【评论】本文针对温州2008年春季房展会进行了系统的调查,对温州参展项目进行了整体分析,为公司下一步适时推出温州本地新项目提供了参照参数,是一份较具实用性的调查报告。

（资料来源：温州三角洲房产投资顾问有限公司）

项目二　房地产市场营销环境

2.1　瑞安瑞祥新区 E-6、E-9 地块项目市场调研报告

【评论】本调研报告内容详实、细致,图表、数据运用得当。能针对该项目本身,从影响项目的宏观图环境与微观环境进行具体描述,并运用SWOT分析法对影响该项目的因素进行分析,从而对项目的开发提出针对性的结论,值得借鉴。

（资料来源：温州好望角房产投资有限公司）

2.2　胜宏·尚郡市场分析

【评论】本文内容比较详细,从房地产市场以及项目本身两个方面进行分析,包括对竞争对手的分析,阐述了影响该项目发展的各类因素,最后分析项目的优势、劣势、机遇与威胁,探寻发挥优势、变劣势为优势的最佳方法,值得借鉴。

（资料来源：中国地产智库网 http://www.kfs888.com）

项目三　房地产消费者市场与行为分析

3.1　不同心理需求特征消费者的购房行为分析

【评论】本文数据来源于对未来三年内有购房意向的居民随机入户调查,根据调查结果：从不同心理需求细分市场划分、不同心理需求细分市场的人口社会经济特征描述、不同心理需求细分市场的住房需求特点三个方面进行了分析。数据分析较为细致,对开发企业具有很好的参考价值。

（资料来源：北京勺海润土房地产市场研究公司）

项目四　房地产市场细分与定位

4.1　广州市住宅市场细分及定位报告

【评论】本报告通过对房地产市场的细分,研究和发现企业的目标市场,了解和掌握消费者的需求,确定企业的市场定位,再根据目标市场消费者的需求组织生产和销售,并运用营销组合来满足目标市场消费者的需求。这些就是现代营销学有关市场定位的基本步骤。

（资料来源:寒桐投资顾问有限公司）

4.2　龙城银座华丽"变身变性"——龙港首个 BLOCK 街区商业诞生手记

【评论】本案例从项目原定位与规划存在的问题入手,分析项目现状与所处区域环境,对区域商圈规划、现状、特征及龙港整体商业格局、经营状况、售价/租金水平等进行了全面、深入地调研、论证,重新定位,重新调整修正。操作直观、实战性强,值得借鉴。

（资料来源:温州三角洲房产投资顾问有限公司）

项目五　房地产产品策划

5.1　某住宅户型设计建议

【评论】本案例依据项目市场调研资料与项目市场定位,对项目进行了总体的产品设计建议,该部分为住宅户型设计部分。说明了建议的依据与新概念的导入,对户型的大小、结构、布局、户型配比均作了详细的说明,并设计了户型卖点。内容详实,针对性极强。

（资料来源:网络资料中原地产案例）

项目六　房地产价格策划

6.1　某项目价格策略与执行方案

【评论】本案例内容包括:周边楼盘价格调查、项目与调查楼盘评估、评估与价格修正、项目价格定位建议、项目价格策略与执行方案以及价格执行反馈控制系统,项目的定价流程思路清晰,计算过程明了,并制订了价格策略与执行方案,有助于学生的学习掌握,对专业人员具有较高的参考价值。

（资料来源:中国房地产销售策划网 http://www.fdc163.com）

6.2　某项目产品定价策划报告

【评论】本案例内容包括:项目概述、项目产品分析、产品房号编排、定价原则概述、客观市场定价、利润最大化的项目组合调价等方面。案例中项目均价的制定与价格调整的过程能借助大量的图表和数据而进行,价格调整的操作过程规范标准,有较强的借鉴意义。

（资料来源:房策天下网 http://www.swotbbs.com/）

项目七　房地产促销组合策划

7.1　广汇景园促销组合策划

【评论】广汇景园项目开盘即馨,其成功销售得益于系列策划宣传推动,特别是开盘前诸多促销方式的整合运作。案例从准确把握市场、客群挖掘到产品价值诠释传达和促销策划组合运用等方面进行了分析。

(资料来源:温州三角洲房产投资顾问有限公司)

7.2　白天鹅大酒店推广方案

【评论】本项目整体为五星级产权式酒店,案例从项目概述、产品的初步认识、产品及市场全方位解析、推广思路形成、阶段性推广方案、宣传费用预算等六个方面对项目的整体推广思路做了较详细的分析。同时方案图文并茂,注重文案的形象包装,是一个值得借鉴的促销方案写作蓝本。

(资料来源:温州好望角房产投资有限公司)

项目八　房地产广告策划

8.1　"×艺苑"广告策划方案

【评论】本案例在对本地市场现状进行了深入细致的了解和研究分析的前提下,对项目优势、竞争对手、价格策略进行了分析,找出项目的资源问题与机会,在此基础上制订项目的广告策略与媒体策略,可帮助学生理清广告策划的基本思路。

(资料来源:房策天下网 http://www.swotbbs.com/)

项目九　房地产销售推广策划

9.1　"浅水半岛"营销推广报告

【评论】本文从该项目的营销定位开始,到推广策略的确定、推广计划的执行及推广工作的安排,详细地阐述了房地产项目推广策划的全过程,展示了大量房地产项目销售促进的方式和手段,具有较好的参考价值。

(资料来源:房策天下网 http://www.swotbbs.com/)

9.2　中海康城房地产推广实战

【评论】广州中海康城是 2002 年广州楼市大战的最大两个赢家之一,销售排行第二,仅次于碧桂园旗下的凤凰城。但是这个规模中等,地段也不是很突出的楼盘,却能取得如此出色的成绩,确实很有研习一番的必要。

(资料来源:房策天下网 http://www.swotbbs.com/)

项目十　房地产项目主题概念与形象策划

10.1　中央公馆整合行销实战

【评论】本案例对项目从定位到案名、产品形象到包装与推广进行了比较系统的形象定位与包装,使项目在温州树立了极具吸引力的"公馆现象"、"豪门生活",值得学习。

（资料来源:温州三角洲房产投资顾问有限公司）

项目十一　房地产营销计划

11.1　××湖滨营销推广计划

【评论】本案例在计划制订过程中明确了营销的目标,安排了营销推广计划总表,推广计划时间安排得当、思路清晰,对每个阶段均能突出重点,并配之以相应的工作重点,是一实际操作性极强,对学习营销计划的制订有实际的借鉴意义。

（资料来源:温州三角洲房产投资顾问有限公司）

参考文献

［1］郭馨梅.房地产营销［M］.北京:经济管理出版社,2005.

［2］陈之泉.房地产营销策略与技巧［M］.广州:广东经济出版社,1999,4.

［3］董金社.商业地产策划与投资运营［M］.北京:商务印书馆出版社,2006.

［4］深圳市华信基业营销策划有限公司.房地产策划大全.深圳,2007.

［5］高炳华.房地产市场营销［M］.武汉:华中科技大学出版社,2004,9.

［6］龚宇澜.论房地产开发项目的市场定位［J］.企业家天地(下半月),2005(9).

［7］韩世同.广州市房地产市场细分及定位［EB/OL］.企业管理学习网 http://www.
5ixue.com,2008.10.12.

［8］黄福新.房地产策划师职业培训教程［M］.北京:机械工业出版社,2006.

［9］黄贤金,等.房地产企业经营管理［M］.上海:上海财经大学出版社,2000.

［10］决策资源房地产研究中心.现代房地产全程操作实战解码［M］.广州:暨南大学
出版社,2003.

［11］决策资源房地产研究中心.中国住宅创新热销策划［M］.广州:暨南大学出版
社,2004.

［12］决策资源集团房地产研究中心.房地产策划剑法［M］.北京:中国建筑工业出版
社,2007.

［13］李书梅.目前房地产业如何做好市场定位［J］.山区开发,2001(11).

［14］刘正山.房地产投资分析［M］.沈阳:东北大学出版社,2000.

［15］吕萍,等.房地产开发与经营［M］.北京:中国人民大学出版社,2002.

［16］罗绍明.市场营销实训教程［M］.北京:对外经济贸易大学出版社,2006.

［17］罗以振.房地产开发经营与管理［M］.合肥:安徽人民出版社,2000.

［18］马洪波,等.房地产销售代表培训教程［M］.北京:中信出版社,2002.

［19］彭加亮.房地产市场营销［M］.北京:高等教育出版社,2006.

［20］王今民.房地产经济学［M］.大连:东北财经大学出版社,2002.

［21］叶剑平.房地产营销［M］.北京:首都经济贸易出版社,2001,5.

［22］张敏.论房地产营销中的价格策划［EB/OL］.新浪网.www.sina.com.cn,2008.
9.28.

［23］张跃松,戴朝红.我国房地产企业市场定位策略研究［J］.建筑管理现代化,2005
(1).

［24］郑华.房地产市场分析方法［M］.北京:电子工业出版社,2003.

［25］中国房地产估价师与房地产经纪人学会.房地产开发经营与管理［M］.北京:中
国建筑工业出版社,2006.

［26］中国房地产估价师与房地产经纪人学会.房地产经纪实务［M］.北京:中国建筑

工业出版社,2007.

[27] 中国房地产经营管理研究中心. 当代中国房地产策划案例解读[M]. 广州:经济出版社,2003.

[28] 周大研. 论房地产开发项目的市场定位[J]. 经济问题探索,2003(11).

[29] 周帆. 房地产营销方案与公文实战范本[M]. 长沙:湖南科学技术出版社,2006..

[30] 周中元. 房地产市场营销[M]. 重庆:重庆大学出版社,2007.

[31] 筑龙网. 房地产营销方案[M]. 北京:机械工业出版社,2007.

[32] 祖立厂. 房地产营销策划[M]. 北京:机械工业出版社,2004.

此外,本书参考了许多优秀网站的资料,在此表示诚挚的谢意! 它们是:

[1] 房策网,http://www.swotbbs.com

[2] 焦点房地产网,http://house.focus.cn

[3] 新浪房产,http:// bj.house.sina.com.cn

[4] 搜狐房产网,http://house.sohu.com

[5] 中国房商网,http://www.winfang.com

[6] 中国管理顾问网,http://www.teamdo.com.cn

[7] 筑龙网,http://td.zhulong.com

[8] 中国广告人网站,http://www.chinaadren.com

[9] 21世纪经济报道,http://www.21cbh.com

[10] 中国经贸,http://www.wct.cn

[11] 国星设计,http://www.gosung.cn

[12] 中国策划设计网,http://www.china-chsj.com

[13] 南方网—南方楼市,http://www.southcn.com/estate/

[14] 中华策划网,http://www.cehua.com.cn